KB275959

# 슬래시 커리어

# 슬래시 커리어

## 50 이후, 불로소득 말고
## 근로소득으로 월 300 벌기

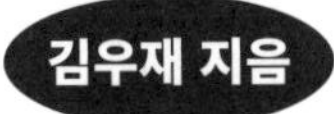


pazit

"8월말까지만 출근하고 퇴사하세요."

이 글을 본격적으로 쓰기 시작한지 정확하게 1년전에 들었던 짧은 한마디였습니다. 짧지만 저에게는 많은 의미가 담겨있는 한마디였습니다. 살아오면서 선택지없는 통보를 받은 적은 처음이었습니다. 20년이 넘는 직장생활동안 저의 의지로 퇴사를 하고, 새로운 곳으로 입사를 해왔습니다. 어디까지나 순수하게 제 자신의 의지였지요. 절이 마음에 안들 땐. 떠나면 그만이었습니다.

그런데 이번은 달랐습니다. 지긋지긋한 사내정치에서 벗어나고 싶었고, 연봉과 도전보다는 제가 잘아는 분야에서 가늘고 긴 직장생활을 하고 싶었습니다. 그래서 인생의 마지막 이직이라고 생각하고 옮겼습니다. 더구나 지금까지의 직장생활 중 가장 가까운 통근거리였습니다. 사회생활을 한 이래 처음으로 '저녁이 있는 삶'이 무엇인지 알아가던 시기였습니다.

하지만, 그런 행복(?)은 길지 않았습니다. 새로운 곳으로 옮긴 지 3개월이 되지 않은 그때, 저는 해고를 당했습니다. 이제 저에게 남은 급여 소득은 1개월분에 지나지 않았습니다. 더구나 퇴직금도 없습니다. 막막했습니다.

"일단 무엇부터 해야 하지?"

"다시 취업을 하려면 최소 몇달은 걸릴 텐데, 그동안은 어떻게 돈을 벌지?"

"이제 곧 50인데 취업이 가능할까?"

"집에는 어떻게 얘기해야 하지?"

그리고 1년이 흘렀습니다. 1년이 지난 지금 저는 여러 개의 일을 하고 있습니다. 한국식 표현으로 이른바 'N잡러slash career, multi-jobber입니다. 1년 전 막막했던 해고통보부터 지금의 N잡러가 되기까지 저에게는 많은 일들이 있었습니다. 그리고 그 많은 일들을 가능하게 했던 저의 시작이 있었습니다.

1. 저만의 이야기를 꾸준히 글로 썼습니다.
2. 새로운 기회와 인연을 만나기 위해 네트워크를 확장했습니다.
3. 지난 20년 간의 직장인 마인드를 버렸습니다.

그러다보니 저의 워킹데이 5일이 하루하루 채워지기 시작했습니다. 그렇게 워킹데이가 채워지면서 저의 생존확률도 점점 상승했습니다. 기술자나 영업자가 아닌 평범한 사무직인 제가 해고 후 1년이 지나도록 생존하고 있다는 사실이 놀랍기만 합니다.

생존에 감사하고 있는 지금의 저에게, 지난 1년을 옆에서 지켜보신 분께서 저에게 제안을 하셨습니다. 저의 이야기를 글로 써 보자고 말이지요. '감히'란 단어가 먼저 떠올랐습니다. 이제 막 태극 1장을 익힌 초보자가 강호무림에 나가는 형국이니까요. 하지만, 저와 같은 직장인들을 위해 조금이라도 도움이 될 수 있겠다는 생각에 이렇게 부끄러움을 무릅쓰고 글을 쓰게 되었습니다.

흔히 말하는 주직장에서의 퇴사는 누구도 피할 수 없습니다. 결국 내가 원하지 않는 시기에 만나게 됩니다. 애써 외면하기 보다 지금부터 준비해야 합니다. 퇴사이후에는 많은 길이 있습니다. 이미 많은 분들이 길을 만들어 오셨고, 그 길을 따라 새로운 삶을 만들어 나가시는 분들도 많습니다. 저는 저 나름대로의 길을 이 책을 통해 가까운 미래에 자의든 타의든 조직에서 나올 직장인들을 위해 하나의 선택지로 소개하고자 합니다. 이런 방식으로도 생존이 가능하다는 사실을 저 스스로 계속해서 증명하고, 또 저와 비슷한 길을 걸으려고 하시는 분들을 돕고 싶습니다.

감사합니다.

2025년 07월 23일

# / 1 /

# 지금 내가 가지고 있는
# 네 개의 명함

## 가. 전국종합일간 언론사의 HR 기획자

오늘 아침, 저는 종로에 있는 한 언론사로 출근했습니다. 일주일에 이틀, 저는 이곳에서 일주일에 이틀을 파트타임으로 일하고 있습니다. 최근 긱 이코노미Gig Economy(기업은 필요할 때 사람을 고용하고, 노동자는 단기 혹은 프로젝트성으로 일하는 경제 시스템)의 확산으로 인해 많은 분야에서 이른바 파트타임 근로자를 쉽게 볼 수 있습니다. 저는 20여년전 전통적 대기업에서 풀타임 정규직으로 사회생활을 시작했습니다. 당연히 하루 8시간(+알파) 일했고, 소액의 주식과 부동산 외에는 다른 일은 하지 않았습니다. 그저 지금의 회사가 세상의 전부였고, 제가 평생 살아야 할 공간이라고 생각했습니다.

그런데, 어느 순간 저는 갑자기 슬래시 커리어, 소위 N잡러가 되어 있었습니다. 현재 저는 4개의 명함을 가지고 있습니다. 모두가 유효한 수익을 창출하고 있는 명함들입니다. 작년 뜻하지 않게 조직에서 내몰려 비자발적 무직이 된 이후, 여러 가지 일을 해오다가 약 반년 만에 고정적인 근로소득을 다시 창출할 수 있게 되었는데요, 그 시작이 오늘 제가 출근한 이곳, 언론사의 HR 기획자입니다.

일주일에 이틀만 일하지만, 일반적인 운영업무가 아니라 제도 개선 및 기획을 하기에 집중해서 일하기에 좋습니다. 이글을 쓰는 오늘을 기준으로 5개월 차에 접어들었는데요, 채용, 인재개발, 인사데이터 관리 등 다양한 분야의 프로젝트를 수행하고 있습니다. 기존의 외부 컨설팅기업은 별도의 회의실에서 '그들끼리' 툭탁툭탁 하면서 수준 높은 결과물을 만들었지만, 실제 실행하기에는 현실과 동떨어진 보고서를 만드는 경우가 많았습니다. 그도 그럴 것이 개별 조직의 특수상황과 역사, 조직문화를 깊게 이해하지 않고서는 적합한 제도를 수립하는 것이 어렵기 때문입니다. 외부인의 시각에서 조직을 관찰하기에는 한계가 있습니다. 더구나 컨설팅은 단기로 진행되기에 조직에 대한 깊은 이해는 현실적으로 불가능합니다. 더구나 수립과 실행은 전혀 다른 세상입니다. 이론과 실제가 다르듯이 수립한 제도가 실제로 운영되기 위해서는 더 섬세한 접근이 필요합니다.

제가 일하는 이곳도 역시 비슷한 경험을 했고, 외부인 보다는 내부인의 시각으로 제도 개선을 할 수 있어야 한다는 결론을 내리게 되었습니다. 다만 중요한 전제는 100% 내부의 시각만 가지고 있어서도 안 된다는 점이었습니다. 내부인의 시각과 외부인의 시각을 동시에 가지고 있어야 함이 이 포지션의 중요한 조건이었습니다. 결국 '우연'한 계기로 저는 이 포지션과 인연이 되었고 현재 조직의 구성원들과 부대끼면서 내부인과 외부인의 시각을 모두 가지고 일에 임하고 있습니다. 예전 HR컨설팅기업에서 고객사를 컨설팅할때는 학문적인 내용이 우선이었습니다. 석학의 이론과 타사의 벤치마킹 사례가 우리의 부기였습니다. 하지만, 그 무기는 고객사의 역사와 문화에 가로막히는 경우가 많았습니다. 하지만, 지금은 철저히 내부에서 조직의 특수상황과 문화 등 최대한 현장을 반영하고 있기에 많은 구성원들께서 응원을 해주고 있습니다. 그 응원에 보람을 가지고 일하고 있습니다.

One More Thing…

'우연'이라고 표현했지만, 제가 이곳과 인연을 맺게 된 것은 절대 '우연'만은 아니었습니다. 과연 어떤 일이 있었을까요? 꾸준히 일관된 주제로 여러 사람들이 볼수 있도록 SNS에 글을 포스팅해왔던 것이 저에게 이 '우연'을 만들어 주었습니다. 뒤의 '슬래시워커를 위한 전략적 SNS' 챕터에서 자세히 말씀드리겠습니다.

## 나. AI 스타트업의 기획자, 프로젝트관리자

위에서 말씀드린 것처럼 저는 일주일에 이틀을 언론사의 HR 기획자로 일하고 있습니다. 그럼 나머지 3일은 어떤 일을 할까요? 저에게 고정적인 근로소득을 창출해주는 슬래시 커리어 2호는 AI 스타트업의 기획자 겸 프로젝트관리자 입니다. 스타트업답게 고정적으로 출근해야 하는 시간과 장소가 정해져 있지는 않습니다. 이곳의 구성원들은 네트워크로 연결되어 있습니다. 구글 워크스페이스, 노션, 피그마, 카카오톡 등 대부분의 IT 스타트업에서 이용하는 툴들의 힘으로 24시간 같이 일합니다. 재미있게도 저는 서로 상반되는 전통적 기업과 최신 스타트업에서 동시에 일하고 있습니다.

이곳과의 만남은 HR분야의 AX프로젝트 기획에서 시작되었습니다. 사실 이 스타트업의 구성원들과는 예전부터 알던 사이이긴 했습니다. 하지만, 공과 사는 명확하기에 그저 사적인 관계만 유지되었을 뿐 특별히 근로관계를 맺지 않았습니다. 하지만 한 공모전에서 저의 전문 분야인 HR과 관련한 기획이 필요했고, 자연스럽게 저도 참여하게 되었습니다. 물론 기획이 잘 된다면 저에게도 보상이 주어질 수 있었지만 그건 불확실한 미래였고, 저는 제가 할 수 있는 일로 도움을 주었을 뿐이었습니다. 저도 AI와 관련해서 그들로부터 많이 배우고 있었기에 조금이라도 보답

할 수 있기를 바랐습니다. 그 도움이 지금의 슬래시 커리어 2호가 될 줄은 꿈에도 생각하지 못했습니다.

그러던 중, 작은 사건으로 계기가 발생했습니다. 한 구성원의 급작스런 퇴사에 따라 담당 프로젝트에 급하게 대체인원을 투입해야 했습니다. 그런데 이 포지션은 풀타임이 아니라 일주일에 하루 정도의 시간만 일해야 했습니다. 풀타임을 구하기도 어렵지만 파트타임은 더 구하기 어렵습니다. 구한다 하더라도 적합한 업무역량은 물론이거니와 기존 구성원들과 떨어져 일하기에 내부 소통도 어려웠습니다. 그런데, 빈 공간이 있어야 채워지는 것일까요? 마침 저는 풀타임 워커가 아니었기에 파트타임인 이 포지션이 가능했고, 이미 그들과 친분관계가 있었기에 내부 소통도 큰 문제는 없었습니다. 그렇게 급하게 해당 포지션으로 합류를 하게 되었습니다. 최초 합류 시에는 1~2개월의 단기 프로젝트 계약이었습니다. 하지만 '우연'하게도 업무가 확장되어 지금은 여러 프로젝트 기획과 관리 외에도 경영지원 전반에서 일하고 있습니다.

재미있게도 이곳에서는 제가 최연장자입니다. 대표이사는 저와 띠동갑 그 이상의 차이가 납니다. 하지만 저는 이미 IT 스타트업에서 저보다 나이가 어린 C-Level, 리더, 동료들과 같이 일 해본 경험이 있기에 '나이'라는 숫자는 일하는데 있어서 아무런 방해요소가 되지 않습니다.

One More Thing…

'우연'이라고 표현했지만, 제가 이곳과 인연을 맺게 된 것은 절대 '우연'만은 아니었습니다. 과연 어떤 일이 있었을까요? 특히 이곳에서의 '우연'은 제가 곧 말씀드릴 '플랜C/달란트50'의 중요한 시작점이 되기도 합니다. '달란트50은 왜 시작되었나?'와 '시니어를 위한 불편한 진실' 챕터에서 자세히 말씀드리겠습니다.

## 다. 써치펌의 리서처(헤드헌터)

저는 지금 한 써치펌의 프리랜서 헤드헌터로 일하고 있습니다. 프리랜서이기에 보장된 기본급여는 없습니다. 헤드헌팅은 '0과 1'이라는 2진법의 세계입니다. 성공과 실패만 있고 중간은 없는 세계입니다. 직장인의 경우, 일을 잘 못하거나 지적을 많이 받아도 급여는 지급이 됩니다. 다만 일을 잘해서 성과가 좋은 사람은 승진을 일찍 하거나 연봉인상으로 보상을 받습니다. 하지만 일을 못한다고 해서 급여를 안주지는 않습니다. 하지만 헤드헌팅이라는 직업은 성공했을 때에만 보상을 받을 수 있는 구조입니다. 즉, 내가 추천한 후보자가 최종 합격이 되어야 합니다. 여기에 통상 3개월의 보장기간이 있기에 입사 후 3개월 내에 합격자가 온보딩에 실패하고 퇴사라도 하게 되면 상당부분 반환을 해야 합니다. 그럼에도 많은 분들이 이 업에 종사하는 이유는 성공 확률은 낮지만 대신 한건의 성공마다 꽤 큰 수수료를 받을 수 있기 때문입니다. 그리고 진입장벽도 낮기에 더 쉽게 이 업에 접근할 수 있습니다.

사실 오래도록 헤드헌터를 하신 분들은 상당한 고소득자라고 보아도 무리가 없습니다. 생존의 길이가 곧 수익의 크기와 비례하는 경우가 많습니다. 반대로 초반 탈락자들도 매우 많습니다. 이 업에 진입하고 나서 얼마나 빠르게 첫 성과를 내느냐가 매우 중요한 기준이 됩니다. 이 기간을 견디지 못하고 포기하는 사람들이 많기 때문입니다. 저의 경우 최초 약 4개월간 아무런 성과가 없었습니다. 수없이 많은 서류탈락, 면접탈락이 반복되었습니다. 하루 종일 모니터만 보면서 기계처럼 일해야만 했지만, 불안감은 갈수록 커졌습니다. 하지만 그렇게 공백의 기간을 보낸 이후, 올해 초부터 몇 건의 성과를 거두게 되면서 이제야 초보 헤드헌터라는 명함을 내밀 수 있게 되었습니다.

헤드헌터라는 직업을 앞에 두고 고민하던 작년 9월, 저 같은 생초보가 이 업에 뛰어들기에는 리스크가 너무 많았습니다. 하지만, '우연'하게도 약한 연결로 이어져있는 지인이 창업한 써치펌에서 이 업에 진입할 수 있었습니다. 업에 대해서 아무것도 모르는 초보였지만, 동료들의 많은 도움으로 온보딩할 수 있었습니다.

지금은 계속해서 여러 포지션에 적합한 인재를 써칭하고 있으며, 특히 인재가 필요한 고객사를 찾아서 열심히 영업도 하고 있습니다. 아무리 좋은 인재들이 있어도 이들이 일할 포지션이 있어야 하기 때문입니다. 헤드헌팅 업계는 정보 불균형이 심하기 때문에 네트워크의 깊이와 넓이가 곧 경쟁력입니다.

One More Thing…

'우연'이라고 표현했지만, 제가 이곳과 인연을 맺게 된 것은 절대 '우연'만은 아니었습니다. 과연 어떤 일이 있었을까요? 나를 군이 소개하지 않아도 이미 타인들이 나를 알고 있는 것은 매우 많은 장점이 있는데요, 뒤의 '슬래시 워커를 위한 전략적 SNS' 챕터에서 자세히 말씀드리겠습니다.


## 라. 강사

이 업의 시작은 2023년 2월부터였습니다. 지속되는 스트레스에 뭐라도 하자란 생각으로 시작된 글쓰기는 어느새 저의 소중한 취미이자 위안이 되었습니다. 하지만, 많은 사람들이 찾아오지 않는 저만의 작은 공간에서의 글쓰기는 한계가 있었습니다. 2023년 여름 저는 과감하게 저의 글을 공격적으로 링크드인에 포스팅하기 시작했습니다. 특히 6개월 동안 거의 매일같이 이어진 글쓰기 챌린지는 어느새 많은 분들의 관심과 응원을 받게 되었습니다. 많은 분들의 응원과 피드백에 저의 글쓰기는 많이 성장했고 '리더십' 분야에서 꾸준한 글을 쓰는 사람으로 알려지기 시작했습니다. 그 과정에서 저는 팔로워가 1만명을 넘게 되었고 지금도 꾸준히 네트워크를 넓혀가고 있습니다.

그저 리더십이란 주제로 글을 써왔을 뿐인데 저의 글을 보시고 몇몇 분께서 좋은 제안을 주셨습니다. 온라인 플랫폼부터 시작해서 공공기관, 기업, 스타트업 등 다양한 고객사에서 강의를 이어갔습니다. 여기에 HR전문잡지와 대기업 사내 리더십 교육 파드에서의 유료기고 요청까지 받게 되어 크지 않은 금액이었시만 '프로' 작가와 강사로 저를 소개할 수 있게 되었습니다.

하지만, 강의의 경우 아무것도 없는 빈 공간부터 모든 것을 만들어야 했기에 조직이 아닌 개인인 저는 매우 어려운 과제였습니다. 저는 특히 디자인에 약해서 예전 HR컨설팅기업에서도 자료를 만드는데 매우 어려운 상황을 많이 겪기도 했습니다. 하지만, '우연'하게도 여러가지 툴들의 도움을 받아 다양한 강의에 탄력적으로 그리고 효율적으로 강의자료를 준비할 수 있었습니다.

올해 상반기에는 강의 실적이 없지만, 운이 좋게도 하반기 강의가 확정이 되어 열심히 강의 준비를 하고 있습니다. 남은 하반기와 내년에도 다양한 주제로 강의를 이어나갈 수 있을 것입니다. 강의를 할 때면 예전 강사를 꿈꾸던 시절이 생각납니다. 저는 유명한 강사가 되고 싶었습니다. 하지만, 제가 좋아한다고 해서 잘할 수 있는 것은 아니겠지요. 유명하지도 않고, 많은 강의를 하지는 못하지만 저만의 분야에서 저의 이름을 걸고 강의를 할 수 있다는 점이 매우 감사하기만 합니다.

One More Thing…

'우연'이라고 표현했지만, 제가 강의를 할 수 있게 된 것은 절대 '우연'만은 아니었습니다. 과연 어떤 일이 있었을까요? 조직이 아닌 개인 혼자 하나부터 열까지 강의를 준비하기에는 매우 어렵습니다. 그런 제가 어떻게 다양한 강의를 효율적으로 준비할 수 있었을까요? 뒤의 '슬래시 워커로서의 1년, 그리고 새로운 시작' 챕터에서 자세히 말씀드리겠습니다.

# / **2** /

# 그리고 지금 만들고 있는
# 또 하나의 명함

## 가. 플랜C 그리고 달란트 50

지금 제가 가지고 있는 네 개의 명함에 대해서 말씀을 드렸습니다. 1년 전을 돌아보면 하나의 명함으로 평생을 살 수 있으리라고 믿었던 한명의 평범한 직장인이 1년 만에 각기 다른 네 개의 명함을 가진 슬래시 워커가 되었습니다. 많은 우연과 필연이 뒤섞이며 1년 전과는 전혀 다른 인생을 걸고 있습니다.

"When one door shuts, another opens."

헬렌 켈러가 말씀하셨다지요. 하나의 문이 닫히면, 또 다른 새로운 문이 열린다고 말이지요. 저는 사실 이 말을 몰랐습니다. 각종 SNS에 넘쳐나는 작자 미상의 명언이라고만 생각했습니다. 하지만, 저의 복잡한 상황에서 위안이 되는 말이기도 하였고, 또 저의 롤모델께서도 저에게 해주신 말씀이기에 잘 기억하고 있었습니다. 그런데 헬렌 켈러의 말씀이라는 것을 알고보니 더할 나위 없이 잘 어울린다고 생각합니다.

저의 경우에는 하나의 큰 문이 닫히게 되면서 주저앉을 뻔했습니다. 하지만 전처럼 크지 않은 문이지만, 네 개의 작은 문이 새롭게 열리게 되면서 직장인에서 슬래시 워커로 새로운 삶을 살게 되었습니다. 이런 저의 여정을 계속해서 지켜보시면서 응원해 주시는 분이 계십니다.


"최익성 대표님"


대표님과 저의 인연은 어느새 15년이 다되어 갑니다. 교수자와 학습자로 만나서 많은 인사이트를 주셨습니다. 저의 유일한 저서인 '나는 팀장이다.' 출판에 참여를 제안해 주셨고, 완주할 수 있도록 응원해 주셨습니다. 그 덕분에 지금까지도 저자라는 소개를 할 수 있게 되었습니다. 그 이후에는 직접 이끄시는 독서모임에 3년째 참여를 하고 있습니다.

제가 한창 직업적으로 힘들어 하는 시기에 '뭐라도' 공부해야겠다고 생각하던 차, 마침 대표님께서 월간 토요 독서모임 멤버를 모집하고 있었습니다. 늦잠만 자고 싶은 토요일에 독서모임이라니… 하지만, 어떻게 해서든 저를 채찍질하고 싶던 저는 제 자신을 독서모임에 밀어 넣었습니다. 그렇게 달에 한번, 모두가 쉬고 있는 토요일 오전에 뜻깊은 인사이트가 넘치는 모임에 3년째 참여하고 있습니다.

최익성 대표님은 제가 처음 뵈었던 2014년부터 이미 자신만의 인생계획을 세우고 있었습니다. 당시 말 그대로 '잘나가는 강사'였던 대표님은 강사 이후 사업가, 행정가, 작가 등 순차적 계획을 많은 분들에게 공표를 하셨습니다. 그리고 지금까지 그 계획대로 삶을 만들이 기고 계십니다.

40대까지는 플랜비디자인이라는 사업을 하시면서 HRD 전반을 돕는 일을 해오셨는데요, 50대 이후에는 플랜B에 이어 플랜C, 플랜D라는 사업을 하실 예정이십니다. 플랜C는 얼마 전 대표님께서 내신 저서처럼 4말5초를 위한 계획입니다.

B 다음이기에 플랜C이기도 하지만, 정말로 개인의 Career를 만들어야 하는 플랜C라는 의미라고 생각합니다. 특히나 각종 통계에서 보듯이 우리나라 직장인들의 주직장의 퇴사나이는 49세 전후입니다. 즉 4말5초의 시기에 대부분의 직장인은 그동안 정들어왔던 직장을 떠나야만 합니다. 물론 4말5초 이후에도 이직을 할 수 있지만, 정말 최상위급의 임원정도가 아닌 이상에는 직장생활의 실질적인 종료라고 말할 수 있습니다. 대기업에 입사

해서 한 번도 이직이 없었던 직장인을 기준으로 4말5초가 되면 약 25년 근속입니다. 상위 100대 기업의 평균 재직기간이 15년 내외인 것을 감안하면 4말5초는 언제 회사를 그만두어도 이상하지 않은 나이입니다.

저 역시 4말5초에 어이없게 직장에서 밀려나게 되었지요. 앞이 보이지 않을 만큼 당황스러웠지만, 닫힌 문 옆에 작지만 새로운 문이 열리면서 생존할 수 있게 되었습니다. 새로운 문이 열리기는 매우 어렵습니다. 그런데도 저는 여러 가지 우연과 주변의 도움으로 여러 개의 문을 만들 수 있었습니다.

4말5초는 끝일수도 있지만, 새로운 시작일수도 있습니다. 20년 이상 쌓아온 경력과 경험이 있습니다. 또한, 20년 이상 일을 해올 수 있게해준 그 이상의 '무엇인가'가 또 있습니다. 저는 이를 '달란트50'이라고 부르고 싶습니다. 전문지식이나 기술만이 달란트가 아닙니다. 바다 아래 감춰진 것이 더 많은 빙산처럼, 4말5초는 이미 많은 것을 가지고 있습니다.

**나. 나도 누군가에게 도움이 되고 싶다**

영원히 닫히지 않을 것만 같았던 문이 저의 의지가 관계없이 닫혔습니다. 그리고 작지만 새로운 문이 열렸습니다. 그 과정에서 많은 외로움과 괴로움을 경험했습니다. 물론 지금도 외로움과 괴로움이 끝난 것은 아니지만, 1년 전과 비교하면 천지차이입니다. 그 여정을 최익성 대표님은 보아오셨습니다.

제 여정이 바로 최익성 대표님이 기획하고 계신 플랜C에 많은 접점이 있다고 생각하셨던 것 같습니다. 그렇게 대표님은 저에게 플랜C에서의 역할을 제안해 주셨습니다. 그리고 그 역할에 더해 플랜C의 한 형태인 슬래시 커리어에 관한 이야기의 집필도 이렇게 제안해주셨습니다. 그 덕분에 저는 이렇게 글을 쓰게 되었습니다.

모든 식상인은 예외 없이 언젠가 소식에서 물러나야 합니다. 문제는 당사자가 원하는 시기에 잘 마무리하고 나오면 좋겠지만, 현실은 그렇지 않습니다. 대부분 내가 아닌 타인이 원하는 시기에 물러나게 됩니다. 정년에 나오게 되면 남은 삶은 순탄할까요? 2024년 1월 보험개발원에서 발표한 경험생명표에서는 남성의 평균수명이 86.3세로 나와 있습니다. 여성은 90.7세로 최초로 90세를 돌파했습니다. 즉, 저 같은 남성을 기준으로 보면 60세, 많이 봐줘서 65세까지 직장에 있는다고 해도 20년 이상을 일없이 살아야 합니다.

우리나라 근로자중에서 정년 이후까지 노년 계획이 잘 설계된 사람이 얼마나 될까요? 대부분 주택과 교육에 많은 돈을 쏟아 붓느라 그리 충분치는 않을 것입니다. 국민연금과 민간연금이 있지만, 미래의 현금가치와 물가를 생각하면 턱없이 부족할겁니다. 결국 정년에 퇴직해도 생존을 위한 일이 필요합니다. 굳이 생존을 위한 직업이 필요없다고 해도, 건강한 삶을 위해서는 일이 필요합니다. 친목모임은 잠시일 뿐 일이 있어야 사람은 사회적 관계를 유지하면서 건강을 유지할 수 있습니다.

정년퇴직도 이정도 인데, 주직장 평균 퇴사나이인 49세 전후에 퇴직하면 어떻게 될까요? 50세에 퇴직하면 사망까지 약 36년을 생존해야 합니다. 누군가 말했습니다. 돈 없이 장수하는 것은 재앙이라고 말이지요. 그저 그때 가서 어떻게 해서든 이직을 하거나, 자영업을 하면 되겠지라는 생각은 매우 위험합니다. 위험한 이유에 대해서는 뒤에서 자세하게 말씀드리도록 하겠습니다. 바로 우리의 세계관 자체를 크게 바꿔야 하기 때문입니다.


### 다. 이제는 플랜B가 아닌 플랜C

제가 생각했던 플랜A는 그저 열심히 공부해서 좋은 대학에 들어가고, 좋은 직장에 들어가는 것이었습니다. 흔히 말하는 모범생의 삶이죠. 하지만, 좋은 직장에 들어가서 일하다보면 어느새인가 문제가 생깁니다. 인간 관계일수도 있고, 경력 문제일 수도 있습니다. 그렇게 되면 플랜B를 생각하게 됩니다. 플랜B는 이직입니다. 물론 창업을 하는 경우도 있습니다만, 우리들 대다수는 이직을 통해 플랜B를 계획하고 실행합니다. 더 경력을 개발하고 더 좋은 처우를 받으며 더 오래 다닐 수 있는 직장을 꿈꾸며 이직을 합니다. 현재 직장에서 더 버티면서 더 높은 직급으로 가는 것도 플랜B의 일종입니다.

플랜B는 어느정도까지는 훌륭하게 작동합니다. 대기업기준으로 대리/과장 직급은 시장에서 아주 인기가 좋습니다. 젊음과 패기, 그리고 업무능력으로도 거의 최상급입니다. 차장직급도 인기가 나쁘진 않습니다. 업무능력으로는 완숙하며, 리더십도 있기 때문입니다. 다만 차장급정도 되면 연봉도 높기에 과장급만큼 필요로 하는 회사가 많지는 않습니다.

부장급이 되면 플랜B가 더 이상 만병통치약이 되지 못합니다. 부장급은 어느 새인가 조직에서 제약이 생기기 시작합니다. 보직자(팀장, 본부장 등)는 보직자대로 점점 승진과 사내정치에 매몰되고, 비보직자(팀원)는 비보직자대로 한계가 옵니다. 이미 보직자 포지션에 후배들이 꽤 많이 포진한 상황에서 어느 누구도 선배를 본인의 팀원으로 맞이하려는 사람은 없습니다.

대부분의 조직이 이런 상황인데 외부에서 오는 부장급을 환영하기는 어렵습니다. 물론 특별한 네트워크나 전문성이 필요해서 외부에서 경력자를 영입하는 경우가 있지만, 이미 기존 직원들도 자리가 부족한 판국에 외부 경력직원은 자칫 잘못하면 소외되기 쉽습니다. 부장급이 되어서 하는 이직은 서로의 니즈가 정말 '찰떡'같이 맞아야 합니다. 그럼에도 단기간에 새로운 조직의 구성원들이 납득하는 성과를 내지 못하게 되면 퇴출되기 쉽습니다. 그런데 그 성과는 실력만으로 만들 수 없습니다.

더 이상 이직같은 수평이동으로는 돌파구가 없습니다. 이제는 플랜B를 끝내고 플랜C를 고민해야 합니다. 하지만, 지금까지 잘 해왔던 플랜B의 문법으로는 플랜C를 실행할 수 없습니다. 플랜B와 플랜C를 동시에 경험해 보았던 사람으로서, 많은 분들에게 조금이나마 도움이 되고 싶다는 마음으로 플랜C/달란트50이 시작되었습니다. 물론 그 씨앗은 최익성 대표님의 기획에서 나온 것입니다.

타인의 플랜C를 돕는 사람, 바로 제가 만들고 있는 다섯 번째 명함입니다.

# / 3 /

# 나에게도 결국
# 그 순간이 오더라

## 가. 주직장 퇴사, 50즈음에 겪게 되는 그 순간

통계마다 숫자가 약간 다르지만 우리나라 직장인들의 주직장의 평균 퇴사 연령은 약 50세입니다. 주직장은 생에서 가장 주요하고 큰 소득을 얻는 직장입니다. 즉, 50세를 기점으로 근로소득은 정점에서 하향합니다. 하향만 해도 괜찮습니다. 50세를 기점으로 이젠 안정적인 일자리를 갖는 것도 매우 어려워 집니다.

퇴사 이후에는 자영업, 투자업(주식 및 부동산) 등으로 내몰리게 됩니다. 50세 이상의 근로자를 필요로 하는 조직은 거의 없습니다. 엄청난 전문기술이나 네트워크를 보유하고 있다 하더라도 기존 직원들 혹은 기업문화를 고려하여 굳이 고연령(?)의 경력자를 채용하려 하지 않습니다.

퇴사를 하지 않았다 하더라도, 50세 이상이 되면 조직 내에서의 자리도 한계가 옵니다. 팀장, 본부장 같은 보직자의 숫자는 한정되어 있고, 이마저도 기라성 같은 선배들, 혜성 같은 후배들과 대결해야 겨우 차지할 수 있습니다. 권력에는 관심 없고 그저 실무자로서 일을 하고 싶어 해도 선배를 굳이 팀원으로 모시고 싶어 하는 후배팀장은 없습니다. 즉, 어떤 방향이던지 조직에서 한계는 오게 됩니다. 극소수의 승진자들을 제외하고는 조직에 그들이 설자리는 좁아집니다. 그렇게 대부분의 50대는 조직에서의 삶을 마무리해야 합니다.

저 역시 50이 다되어 조직에서의 마지막이 찾아 왔습니다. 대학 졸업 후 약 20년이 넘는 기간 동안 몇 개의 기업을 거쳤습니다. 자발적으로 커리어의 방향을 수정하기 위한 이직을 했을 뿐, 비자발적인 무직기간은 없었습니다. 보통의 이직시장에서는 과장급이 제일 인기가 좋습니다. 그리고 아래위인 차장급, 대리급이 인기가 있습니다. 저는 과장급에 첫 이직을 했기에 나름 수월하게 이직을 했습니다. 하지만, 시간이 지날수록 이직의 한계가 분명했습니다. 40대 직장인 평균 이직 횟수가 4.2회라는 통계가 있는데요, 저 역시 평균적인 이직를 해왔음에도 40대가 되면서 점점 이직이 힘들어졌습니다.

가장 빠르게는 1개월 만에 이직을 완결한 적도 있었는데, 40대가 되면서 이직에 걸리는 시간이 길어졌습니다. 적합한 포지션을 찾는데도 몇 개월이 소요되었습니다. 이력서를 접수하고서도 면접까지 이어지는 과정은 1~2개월이 걸렸습니다. 하지만 언제나 이직을 확정하고 기존 회사를 퇴사하였기에 비자발적 무직기간은 없었습니다.

그렇게 몇 번의 이직을 이어오다가 '그 회사'에 이직을 하게 되었습니다. 나름 가장 많은 기간 동안 일했던 업종의 회사였고, 현재 사는 곳에서도 아주 가까웠습니다. 가족들도 매우 좋아했습니다. 저의 통근 최장거리는 서울-제주 간이었습니다. 대중교통으로 약 5시간 걸리는 거리를 격주로 출퇴근한 경험이 있습니다. 왕복 2시간이 훌쩍 넘는 회사들도 다녀보았습니다. 물론 처음부터 멀리 있는 회사에 지원을 하지는 않았지만, 재직하다보니 이런저런 사유로 회사가 사무실 이전을 하게 되어서 멀어진 경우가 많았습니다.

그렇게 하루에도 도로에서 몇시간씩 보내다가 왕복 1시간 거리의 회사로 이직을 하게 되었습니다. 난생 처음으로 가장 가까운 통근거리의 회사였습니다. '저녁이 있는 삶'이 뭔지도 알게 되었습니다. 하지만 이런저런 사유로 저는 입사한지 3개월도 되지 않아 해고를 당하게 되었습니다. 시니어의 이직과 관련한 불편한 진실은 12장에서 자세하게 다뤄보겠습니다.

"이달 말까지만 출근하시면 됩니다. 급여는 다음달 20일치까지 챙겨드릴게요. 이게 제가 할 수 있는 최대한입니다. 죄송합니다."

저에게는 청천벽력이었습니다. 이렇게 빨리 내몰리다니. 지금까지는 제가 이직할 자리를 확정하고 회사에 퇴사를 통보했는데, 이번은 달랐습니다. 제가 이직준비를 할 여유도 없이 야간기습을 당한 형국이었습니다. 물론 저에게 이 통보를 하신 분도 지시를 받은 것이기에 그분에게 분노할 여유도, 필요도 없었습니다. 이제 저에게 남은 급여소득은 1개월분, 아무런 준비도 없이 그렇게 마지막을 맞이하게 되었습니다.


## 나. 주직장 퇴사가 의미하는 것들


4말5초의 주직장 퇴사는 이전의 퇴사들보다 다른 의미를 가집니다.


하나. 이제는 더 이상 다른 회사로의 이직은 어렵습니다.

둘. 이제는 더 이상 네트워크나 짬밥으로 일하기 어렵습니다.

셋. 이제는 더 이상 나의 전문지식이나 기술로 일하기 어렵습니다.

넷. 이제는 경제생활의 방향을 선택해야 합니다.

다섯. 퇴직금의 용처를 결정해야 합니다.


하나씩 살펴보겠습니다.

**하나. 이제는 더 이상 다른 회사로의 이직은 어렵습니다.**

너무나도 당연합니다. 최근의 트렌드를 보면 대기업부터도 관리직을 줄여나가는 추세입니다. 이젠 예전처럼 관리직이 많이 필요 없습니다. 더구나 AI의 발달로 급격하게 실무자조차 감소하고 있기에 관리직의 자리는 더더욱 줄어들 수밖에 없습니다. 4말5초를 위한 포지션은 실무보다는 관리직이 많습니다. 당연히 4말5초의 일자리는 줄어들 수밖에 없습니다. 더구나, 경력직의 이직은 많은 리스크가 있습니다. 온보딩 실패는 곧 시간과 비용의 손실을 뜻합니다. 이런 리스크를 감수하면서까지 굳이 4말5초를 채용하려고 할까요?

**둘. 이제는 더 이상 네트워크나 짬밥으로 일하기 어렵습니다.**

실무자 시절, 제가 해결하기 어려운 일들을 사수께서는 전화 한통화로 해결해 주신 경우가 많았습니다. 한 기업에서 오래 일하신 분들은 조직 안에서 쌓아 오신 경험, 즉 네트워크와 '짬밥'이 있기에 비공식적인 문제해결에 능합니다. 주니어들이 보기에는 매우 경이롭습니다. 하지만 이 경이로움에는 한 가지 단점이 있습니다. 바로 다른 조직으로 가지고 갈수 없다는 것입니다. 현대건설에서 30년 일하신 분이 조직 안에서 쌓아온 경험은 현대건설 안에서만 통용되는 것입니다. 같은 건설업계인 다른 회사에 갈 때 가지고 갈수 없습니다. 즉 새로운 조직에 가게 되면 다시 처음부터 시작해야 합니다.

**셋. 이제는 더 이상 나의 전문지식이나 기술로 일하기 어렵습니다.**

하루가 멀다 하고 새로운 기술이 나오고 있습니다. 저의 주니어 시절을 돌이켜보면 엑셀이나 파워포인트 같은 문서작성 툴을 잘 다루는 사람이 곧 일 잘하는 사람이었습니다. 지금은 어떤가요? 예전 한땀 한땀 손으로 만들던 자료는 문서를 만들어주는 AI 앞에 힘을 쓸 수가 없습니다. 엑셀 함수 사전을 옆에 끼고 일을 해왔는데, 이제는 자연어로 명령만 내리면 함수가 실행됩니다. 일반 사무직이 이정도인데, 기술 분야에서는 더 심할 것입니다.

**넷. 이제는 경제생활의 방향을 선택해야 합니다.**

지금 조직 혹은 이직할 곳에서 몇 살까지 근무할 수 있을까요? 자영업을 한다면 수익 없이 얼마나 버틸 수 있을까요? 투자업을 한다면 어느 정도까지 수익을 올려야 생존이 가능할까요? 어느 하나 만만한 질문이 없습니다. 하지만 무엇인가를 반드시 선택해야 합니다.

**다섯. 퇴직금의 용처를 결정해야 합니다.**

위 4번과 결을 같이 하는 내용입니다. 자영업이나 투자업을 하기 위해서는 퇴직금이 필수입니다. 30년 가까운 세월동안 쌓아온 마지막 보루입니다. 반드시 퇴직금의 용처를 결정하고 빠르게 움직여야 합니다. 결정하지 않는 것도 결정입니다. 자영업이나 투자업을 하지 않고 급여생활자의 길을 선택한다 해도, 막상 목돈이 들어오면 생각지도 못하게 여기저기 나갈 곳이 많습니다. 우왕좌왕하다보면 어느새 퇴직금은 바닥을 보이게 됩니다.

## 다. 회사 외에는 모르던 삶

달무드에서 본 짧은 이야기입니다.

노예 한명이 배를 타고 가다 난파하여 혼자만 겨우 살아남아 이름 모를 섬에 상륙하게 됩니다. 그 섬의 사람들은 이 노예를 왕으로 모십니다. 노예는 어리둥절했지만, 이내 아무할일 없이 그저 사치를 부리는 왕의 생활에 젖어듭니다. 그러던 어느 날 누군가 그 노예(왕)에게 얘기합니다. 당신의 왕 임기는 1년뿐이며, 1년이 지나면 바로 근처의 다른 섬으로 추방될 것이라고 말이지요.

노예(왕)는 서둘러 그 섬에 가봅니다. 과연 예전 1년짜리 왕을 거쳐 간 여러 명이 황폐한 섬에서 겨우 생존하고 있습니다. 사실을 알게 된 노예(왕)는 그때부터 그 섬에 과실나무를 심고, 가축을 보내는 등 사람이 살 수 있는 섬을 만들려고 노력하게 됩니다.

1년이 지난 후, 여지없이 노예(왕)는 왕의 자리에서 옆 섬으로 추방됩니다. 하지만, 그동안 가꾼 과실나무와 가축들로 인하여 섬은 사람이 살기에 적당한 환경으로 변해있었습니다. 그곳에 살고 있는 사람들은 노예(왕)를 반갑게 맞이해 주었고, 모두들 행복하게 살았다고 합니다.

해피엔딩이긴 하나 어린나이에 처음 이 이야기를 보고서는 이해가 가지 않았습니다. 그래서 그냥 망각해버리고 말았습니다. 하지만 직장인 경력 10년이 넘어가면서 갑자기 예전 그 노예가 생각났습니다. 1년 뒤면 쫓겨날 운명에 처해진 노예. 하지만 그 때를 대비해서 황무지 섬에 차근차근 나무를 심으며 준비를 한 노예. 결말은 잘 모르겠지만 제가 그 노예임을 알게 되었습니다.

사실 회사를 다니면서 무엇인가를 준비한다는 것은 매우 어려운 일입니다. 가욋돈 혹은 마이너스를 이용하여 주식과 부동산 투자를 하는 것 정도로 자기 위안을 삼으며 언젠가는 전업투자자가 될 것이라고 생각하기도 했습니다. 하지만, 어디까지나 고정된 급여가 입금된다는 전제하에 주식투자를 하는 것과 주식투자가 주업이 되는 것은 전혀 다른 문제입니다.

어느새 저는, 언젠가 다가올 그 순간을 모른 채 그저 현재를 즐기는 '그 노예'가 되어 있었습니다.

## 라. 명함에서 회사명과 직책(직급)이 사라지면?

모두들 명함을 가지고 계실 텐데요, 명함에서 회사명을 가리면 어떻게 될까요? 과연 이 명함을 받았을 때 사람들은 어떤 반응을 보일까요? 그리고 여기에서 직책(직급)마저 가리면 어떻게 될까요? 부장님, 팀장님 등 호칭마저 사라지고 그저 ○○님만 남게 됩니다.

대기업 생활을 하던 주니어 시절, 계열사로 이동해서 일했던 기간이 있었습니다. 대기업 집단에서 대표적인 기업들은 일반인들이 잘 알지만, 작거나 특수한 계열사는 잘 모르는 경우가 많습니다. 계열사로 이동하고 보니, 명함을 보면서 고개를 갸웃하는 사람들이 많았습니다. 마치 '콜라긴 콜라인데 바나나맛 콜라도 있었나?' 하는 표정으로 말이지요. 대기업 집단에 속해있지만, 대표기업이 아닌 잘 알려지지 않은 계열사 직원은 지명도는 물론이거니와 심지어 은행대출도 이율이 달랐습니다.

이후 제가 다시 대표기업으로 복귀하자 모든 것은 다시 정상(?)으로 돌아왔습니다. 미세하지만 이 극명한 차이를 저는 피부로 체험했습니다. 같은 대기업 집단 안에서도 이런 차이가 있는데, 정말로 명함에서 회사명이 사라지면 어떻게 될까요?

## 마. 이제 나의 생산수단을 만들어야 합니다

핸드폰을 손에 들고 엄지 산책을 하고 있었습니다. 여기저기 커뮤니티를 방문해서 가장 Hot한 소식이 무엇인지 확인하고 댓글 장인들의 기발한 댓글에 감탄을 하기도 했습니다. 그렇게 하염없이 산책을 하고 있을 때 누군가의 질문을 보았습니다.

"회사의 전세의 공통점은 무엇일까요?"

순간 전혀 관계가 없을 듯 한 두 개의 단어를 보면서 생각에 잠겼습니다. 답은 쉽게 떠오르지 않았습니다. 그래서 빠른 포기를 하고 정답을 보았습니다. 정답을 보았을 때 처음에는 허탈했고, 그다음으로 든 생각은 정말 촌철살인 그 자체란 생각이 들었습니다.

"회사의 전세의 공통점은 바로 만기가 되어서야 내 것이 아니었음을 알게 된다는 것입니다."

월세와 달리 전세는 매달 빠져나가는 돈이 없습니다. 월세는 말 그대로 월마다 사용료를 내야 합니다. 그래서 이 집은 내 집이 아니다란 생각이 머리를 떠나지 않습니다. 난 그저 이 집을 빌리고 있을 뿐이다. 이렇게 말이지요. 전세는 다릅니다. 내 집이 아니라는 것은 동일하지만, 매월 사용료를 내지 않습니다. 물론 전세 보증금을 대출받았다면 은행에 매월 이자를 내가 하지만, 은행에 내기 때문에 월임대료라고는 인지하기 힘듭니다. 그렇게 2년 동안 혹은 그 이상 전세로 살게 되면 내 집이 아니다란 생각이 무뎌지게 됩니다.

회사도 다른 의미에서 이와 비슷합니다. 월세와 비슷하게 매월 월급이 지급됩니다. 월급 외에 각종 복지혜택도 있습니다. 적당히 놀면서 일해도, 연휴가 있어도 매월 고정된 돈이 입금되기에 나의 육제가 회사라는 공간에만 있으면 덩연히 나오는 돈이라고 생각하게 됩니다.

전세는 특별한 일이 없다면 연장할 수 있습니다. 제가 아는 어떤 분도 좋은 주인집을 만나서 벌써 20년이 넘도록 같은 전세 집에서 지내고 있습니다. 전세계약을 할 때 보통 이렇게 말을 하죠. 우리는 크게 돈 욕심 없으니 오래오래 그 집에서 살라고 말이죠. 그 말을 철석같이 믿습니다. 그렇게 월세를 내지 않고 내 집처럼 삽니다. (물론 은행에 전세보증금 이자는 꼬박꼬박 납부를 합니다.) 회사도 비슷합니다. 특히나 기간의 정함이 없는 정규직의 경우 퇴사를 생각하지 않고 근무합니다. 삼국지의 조조처럼 내가 회사를 버릴지언정(이직) 회사는 나를 버릴 수 없다고 생각합니다.

하지만 세상 모든 일이 그렇듯 만기가 옵니다. 오래오래 그 집에서 살라고 했던 주인집도 갑자기 변합니다. 외국에 살던 자기 아들이 들어와 살아야 한다면서 이제 집을 빼달라고 합니다. 우린 오래 일할 수 있는 사람을 찾는다던 회사도 사정이 어려워졌다면서 실업급여도 받게 해 줄 테니 사직을 권고합니다.

만기의 순간이 와서야 집도 회사도 내 것이 아니었다는 것을 알게 됩니다. 회사가 내 것이라는 생각을 해왔기에 갑자기 회사를 떠나야 한다는 사실이 현실 같지 않습니다. 금방 다른 회사를 찾을 수 있으리라고 생각을 하지만, 앞자리가 4가 된 이후에는 쉽지 않습니다. 그동안 나의 전문기술이라고 생각했던 것은 그저 회사와 관련된 네트워크와 회사의 자산 사용법이었습니다. 대기업일수록 유니버스가 크기 때문에 이 유니버스를 벗어난 삶에 대해서는 구체적으로 생각해 본 적이 없습니다.

명함에서 회사의 이름과 직책이 사라진 순간, 나의 이름은 그 누구도 알아주지 않는다는 것을 알게 됩니다. 높은 직책을 수행했던 사람일수록 중소기업은 부담스러워 채용을 꺼려합니다.

그 옛날 경제학자 마르크스의 말처럼 생산수단의 소유가 모든 것을 결정하는 것 같습니다. 회사를 나오게 되는 순간 나에게는 아무런 생산수단이 없습니다. 생산수단이라고 말할 수 있는 전문기술과 네트워크를 보유한 사람은 극히 일부에 지나지 않습니다. 결국 나에게 남은 생산수단은 그냥 나의 육체뿐입니다. 회사에 있을 때 정기적금처럼 꾸준히 다른 생산수단을 만들기 위한 노력을 해야 합니다. 소액이라도 정기적금은 언제가 만기가 옵니다. 도배, 목공 등 회사 다닐 때는 의미 없어 보이는 소액 같은 기술이지만, 이 기술도 꾸준히 적금처럼 쌓아왔다면 만기의 기쁨을 누릴 수 있습니다.

현금을 쌓아 놓는 것도 중요하지만, 나의 생산수단을 위한 적금을 당장 시작해야 하지 않을까요? 결국 생산수단의 소유 여부가 내 미래의 삶을 결정하게 되니까요.


## 바. 막연한 미래는 불확실한 현재보다 무섭다


김삿갓을 아시나요? 조신시대의 선비이자 시인이었다고 하지요. 강원도 영월군에 가면 실제로 김삿갓면이 있습니다. 김삿갓의 고향이자 무덤이 있다고 합니다. 아주 오래전, 소설 김삿갓의 라디오 광고에는 다음과 같은 멘트가 있었습니다. 우렁찬 웃음소리와 함께 사람들의 우매함을 꾸짖는 그 목소리가 아직도 귀에 남아 있는 듯합니다.

"우습구나. 백 년도 못살면서 천년의 근심으로 사는 중생들아!"

그때는 그저 그러려니 하고 들었습니다만, 지금 와서 생각해

보면 참으로 많은 의미가 담겨 있는 듯합니다. 내친김에 어느 영화의 유명한 장면 이야기도 해보겠습니다. 대한민국에 절대 존재하지 않을 것 같은 '아저씨'를 스크린에 담았던 영화입니다. 영화에서 주인공은 복수의 상대자에게 아래와 같은 말을 하면서 선전포고를 합니다.

"니들은 내일만 보고 살지. 내일만 사는 놈은 오늘만 사는 놈한테 죽는다. 난 오늘만 산다."

두 대사를 보면서, 저는 저의 어리석었던 과거에 대해서 말씀드리고자 합니다. 저는 조직이 영원할 줄 알았습니다. 그리고 저의 직책과 직급도 영원할 줄 알았습니다. 저는 주도권을 가지고 일했지만, 지금 생각하면 저는 주인도 아니면서 주인처럼 일했습니다. 그곳이 저의 전부이자 마지막이라고 생각했기 때문입니다.

지금 생각하면 정말 물불 가리지 않고 일했습니다. 지시가 떨어지면 바로 가서 행했습니다. 제 머리로는 이해가 가지 않았던 일도 지시에 따라 행했습니다. 육체적 피곤함은 언제나 후순위였습니다. 조직과 프로젝트의 발전이 저에게는 큰 기쁨이었기 때문이었습니다. 당장의 보상도 그리 중요하지 않았습니다. 멀지만 가까운 미래에 '있을 것 같은' 더 큰 보상이 제 눈에는 보였기 때문입니다.

퇴근 이후는 물론이고, 주말에도 지시는 끊임없었습니다. 캠핑을 가거나, 섬으로 여행을 갈 때도 노트북을 챙겼습니다. 언제 지시가 올지 몰랐기 때문이었습니다. 지시가 떨어지면 바로 해야 했습니다. 바로 하지 못하면 매우 불안했습니다. 제가 일을 잘하는 사람인지는 모르겠지만, 적어도 투입한 시간과 노력은 그 누구에게도 지지 않을 자신이 있었습니다. 하지만 저에게 남은 것은 피곤과 우울감 그리고 패배감이었습니다. 왜 그랬을까요? 그때는 몰랐지만, 지금은 말할 수 있습니다. 저는 그곳에서 현재가 아닌 막연한 미래만을 보고 살았기 때문입니다.

올지 안 올지 모르는 성공, 그리고 나에게 주어질지 주어지지 않을지 모를 보상만을 보고 일했기에, 현재에는 전혀 신경을 쓰지 못했습니다. 현재를 전혀 보지 않고, 미래만을 보았기에 당연히 몸과 마음은 지쳐갔습니다.

물론 저는 지금 그곳에 있지 않습니다. 그곳을 떠나면서 성공과 보상에 대한 짐을 내려놓고 나왔습니다. 지금의 저는 예전과는 전혀 다른 '성공'과 '보상'을 꿈꾸고 있습니다. 예전과 다른 점은 그 과정이 매우 즐겁다는 것입니다. 제가 좋아하는 일을 찾았고, 저를 알아주는 '벗님'들을 만나게 되었습니다. 저는 허름하고 작을지언정 제가 좋아하는 캠핑 장비를 싣고 다닐 수 있는 작은 차가 고급 세단 승용차보다 좋습니다.

# 직장인의 소득종류

## 가. One Job: 100% 급여소득

앞서도 말씀드린 탈무드의 노예 이야기에서처럼 급여는 유지되는 동안에는 매우 행복한 화수분과 같습니다. 갈굼을 당하던, 월급루팡짓을 하던, 일을 잘 못하던 최소한의 선만 넘지 않는다면 직장 생활은 계속됩니다.

그런데 직장인에게는 눈에 보이는 급여만 있지 않습니다. 다양한 복지가 같이 따라옵니다. 직장인이면 누구나 당연하게 생각하는 4대 보험도 사실 매우 큰 복지입니다. 국민연금과 건강보험을 회사와 내가 반반씩 부담하는 것은 직장인으로서는 전혀 실감이 나지 않겠지만, 지역가입자가 되면 온전히 내가 100% 부담해야 합니다. 4대 보험 같은 당연한(?) 복지혜택에 더하여 기업의 규모나 재정에 따라 다양한 복지제도가 있습니다. 복지포인트, 명절 선물, 휴양소, 각종 교육지원, 건강검진 등 급여를 받는 동안에는 잘 모르겠지만, 조직에서 내몰린 이후에야 그 고마움을 알게 됩니다.

하지만 이 좋디좋은 100% 급여에는 크나큰 단점이 있습니다. 바로 옆을 보지 못한다는 점입니다. 대기업의 경우, 월마다 나오는 급여를 제외하고도 명절이나 주요 가족 행사 때 선물과 지원이 있습니다. 복잡하게 휴가계획을 짜지 않아도 이미 전국 주요 관광지에는 회사 명의의 휴양소가 있습니다. 사내에서 신청하고 가기만 하면 됩니다. 즉, 일만 열심히 한다면 굳이 다른 일에 신경 쓸 필요가 없습니다. 이렇다보니, 회사 일만 열심히 하면 아쉬울 것이 없습니다.

어느새 4를 지나 5를 향해가게 될 즈음 급여소득의 끝이 보이기 시작합니다. 어느 순간 사라진 선배들과 동기들, 그리고 심지어 후배들까지. 내가 급여라는 달콤한 화수분에 빠져있는 동안 소리소문 없이 그들은 뭔가 준비하고 있었습니다. 나만 준비를 하지 못했습니다.

## 나. 급여소득 + 투자(불로)소득(주식, 부동산 등)

직장생활을 하다보면 재테크에 밝은 동료들을 발견할 때가 많습니다. 회식 때도 조용해서 그저 회사와 집만 왔다 갔다 하는 내향인인 줄 알았는데, 알고 보니 월세를 놓은 오피스텔이 두 채나 있었습니다. 어떤 동료는 아침 9시면 칼처럼 화장실에 가기에 배변이 규칙적인 사람인가 했는데 알고 보니 배당주로 급여소득만큼의 수익을 올리고 있었습니다.

직장인은 본업인 직장에 충실해야 합니다. 앞에서 말씀드린 것처럼 옆을 볼 여유도, 이유도 없습니다. 하지만, 언젠가 다가올 그 순간을 대비해서 준비하는 사람들이 있습니다. 보통 직장인이 접근하기 쉬운 대비책으로는 주식과 부동산이 있습니다. 주식이 좀 더 접근하기 쉽습니다. 일하면서도 수시로 핸드폰으로 거래가 가능하고, 필요하면 화장실에서도 작업할 수 있기 때문입니다. 부동산은 주식보다 접근하기 어렵습니다. 투자금의 단위도 다를뿐더러 대부분 오프라인에서 작업해야 하기 때문입니다. 하지만 이른바 따박따박 월세나, 거래차익은 생각보다 큰 수익을 실현할 수도 있습니다.

하지만 냉정하게 두 가지 투자소득에 대해서 생각해 보겠습니다.

## 주식

제가 주식전문가가 아니기에 말씀드리긴 조심스럽지만, 어디까지나 제 기준에서 말씀드립니다. 저도 한때 주식을 했었습니다. 하지만, 여유자금이 많지 않았기에 투자금이 크지는 않았습니다. 수익률은 좋았지만 투자금이 적으니 수익은 크게 유의미하지 않았습니다. 일단 수익이 있어서 다행이었지만, 한 가지 심각한 문제가 발생했습니다. 수시로 핸드폰으로 주식시황을 보기 시작하면서 일상에 변화가 생겼습니다. 일하다가도, 화장실에서도, 밥 먹으면서도 시황을 체크하고 거래했습니다. 가치투자, 게으른 투자 등 여러 가지 방법은 있었지만, 제 자신이 수시로 변하는 숫자에 중독되다보니 하루에도 몇 번씩 일희일비하게 되었습니다.

## 부동산

저는 부동산 경매 및 빌라투자를 경험해보았습니다. 적은 돈으로 시작했지만, 나름 유의미한 수익을 올렸습니다. 자발적 무직기간에는 빌라에서 나오는 '따박따박' 월세가 큰 도움이 되기도 했습니다. 그런데 모두 아시다시피 부동산 가격은 천정부지로 올랐습니다. 이젠 예전에 제가 부동산에 투자했던 금액으로는 온전한 자력 투자가 불가능합니다. 물론 부동산 투자의 묘미는 레버리지에 있지만, 부동산 자체가 너무 고가이다 보니 자칫 잘못하면 엄청난 리스크를 감당해야 할 수도 있습니다.

주식은 수익률이 괜찮을 순 있지만, 부동산 보다는 적은 돈으로 하기에 급여에 버금가는 수익을 올리기 어렵습니다. 더구나 시도 때도 없이 시황을 보아야 하기에 정상적인 일상생활이 어렵습니다. 부동산 투자는 투자금이 커야 하기에 레버리지를 이용할 수밖에 없습니다. 아파트 한 채 가격이 10억이 우스운 세상인데요, 일이 잘못되었을 때 과연 원금과 이자를 온전히 감당할 수 있을까요?

주식과 부동산은 직장인이라는 본업이 있고, 어디까지나 정해진 시간과 예산 내에서 실행해야 하는 투자라고 생각합니다. 본업은 직장인, 부업은 주식과 부동산. 어찌 보면 아주 이상적이지만 여기에는 상당한 기회비용과 리스크가 따릅니다. 주식에 몰입하는 바람에 본업에 소홀하게 되거나, 대출이자를 감당하지 못하는 부동산 투자는 직장인으로서 절대 피해야 합니다.

## 다. 투잡의 세계

투잡이라는 용어는 이제 일반적입니다. 수륙양용 장갑차처럼 낮에는 이 일, 밤에는 저 일을 하는 사람들이 많습니다. 하지만 저는 투잡이라는 용어에 함정이 있다고 생각합니다. 동등한 두 개의 직업이 합쳐진 단어가 아닙니다. 우리가 일상에서 흔히 말하는 투잡은 1+1=2가 아니라 1+0.5=1.5입니다. 즉 메인잡과 사이드잡으로 구분해야 합니다. 왜냐하면 사이드잡은 메인잡이 기본 전제가 되어야만 하기 때문입니다. 제가 생각하는 투잡의 함정에 대해서 말씀드리겠습니다.

**영혼과 체력을 깎아 만드는 육체적 직업: 대리운전, 야간배송 등**

주변을 보면 당장 수익이 부족하거나 추가 수익이 필요할 때 가장 많이 하는 직업입니다. 지도 카카오 대리운진 기사 pool에 등록은 되어 있습니다. 실제 대리운전을 해보지는 않았지만, 언젠가 갑자기 필요할 때가 있을지도 모르기에 등록을 해놓았습니다. 대리운전은 주로 메인잡인 직장에서의 퇴근 이후 시간에 하게 됩니다. 당장은 짭짤한 수익에 기분이 좋습니다. 하지만 대리운전은 어디까지나 술을 마신 사람들이 고객이기 때문에 결국 근로시간은 늦은 밤일 수밖에 없습니다. 더구나 나의 주거지와 멀리 떨어진 곳으로라도 가게 되면 복귀까지 상당한 시간과 비용이 추가적으로 들어갈 수밖에 없습니다. 그렇게 하루 이틀 쌓이다보면 수면시간은 부족해지고 만성피로와 친구가 됩니다. 이 정도 되면 메인잡인 직장에서의 온전한 근로가 어려워집니다.

몇년전, 은퇴(?)한 아이돌 가수 한분이 쿠팡 야간배송을 하며 살아가는 일상이 방송에 나온 적이 있습니다. 자신의 개인 차량만 있으면 야간에 배송을 하며 나름 괜찮은 수익을 올릴 수 있는 직업이었습니다. 그 방송 덕분인지 개인차량을 활용한 야간배송은 이제 우리 주변에서 흔하게 접할 수 있게 되었습니다. 하지만 이 역시 모두가 잠든 밤에 이루어지는 활동입니다. 낮에 메인잡인 직장에서 일을 하고 밤에는 야간배송을 하는 것이 과연 며칠이나 가능할까요? 대리운전이나 야간배송은 결국 나의 영혼과 체력을 깎아내는 직업입니다. 메인잡이 없는 상황에서 일시적이라면 모르겠지만, 메인잡과 병행하여 투잡이라는 함정에 빠지게 되면 메인잡은 메인잡대로 정상적인 근로가 어려워지고, 육체적으로는 수면부족과 만성피로에 쫓기게 됩니다.

이렇듯 우리가 대리운전이나 야간배송을 투잡이라고 생각하는 것에는 큰 함정이 있습니다. 더구나 한 가지 더 치명적인 것은 나이가 들어갈수록 하기 힘든 직업이라는 점입니다. 40대와 50대의 체력은 다릅니다. 50대가 되어 이런 투잡을 계속해서 할 수 있을까요? 더구나 야간에 운전을 해야 하기에 필연적으로 따라오는 교통사고의 위험도 무시할 수 없습니다.

## 돈과 시간을 쌓아 만드는 자영업: 무인매장, 프랜차이즈 등

최근 주변을 보면 무인매장을 쉽게 발견할 수 있습니다. 당장 제가 사는 곳만 해도 무인 아이스크림, 무인 카페를 쉽게 볼 수 있습니다. 옆 동네를 가면 무인 세탁방도 많습니다. 무인이기에 24시간 운영할 수 있기에 매우 매력적이라고 생각하기 쉽습니다. 물론 실제로 유의미한 수익을 올리는 매장도 있겠지만, 운영한 지 몇 달 안되서 폐점하는 무인카페를 보면서 무인매장의 구조에 대해서 자세히 살펴보게 되었습니다.

무인매장이라고 하지만 절대 무인이 아닙니다. 대부분의 무인매장에는 언제나 주인과 통화할 수 있는 핫라인이 있습니다. 문제가 생겼을 때 바로 대처를 하기 위함이죠. 또한 예상치 못한 문제 발생시 대응을 위해서 CCTV도 있습니다. 건너건너 지인이 무인매징을 운영하고 있는데요, 수시로 CCTV를 실펴보면서 문제가 있는지 확인을 하고 문제 발생 시 바로 조치를 위해서 매장으로 출동을 합니다. 한번은 휴일에 무인 빨래방에서 이불빨래를 하러 갔습니다. 결제에 문제가 생겨 카운터에 가서 버튼을 누르니 전화로 실시간 주인과 소통하면서 해결할 수 있었습니다.

무인매장이 정말 무인매장이라고 생각하시나요? 오히려 무인매장이기에 주인은 연락 및 출동대기를 하고 있어야 합니다. 회사에 다니면서 무인매장을 운영하고 계신 분의 글을 본적이 있습니다. 회사에서 한참 회의를 하고 있는데 매장에 문제가 생겨 연락이 옵니다. 동료들의 양해를 구하는 것도 한두 번입니다. 결국 무인으로 관리만 하려고 했던 매장이었지만, 어쩔 수 없이 나 대신 무인매장을 관리해 줄 사람을 채용해야 할 수도 있습니다.

이렇듯 여러 가지 문제가 있기에 어느 정도 검증이 된 아이템을 찾다보면 프랜차이즈가 눈에 보입니다. 물론 프랜차이즈가 아니라 나의 레시피나 아이템으로 창업을 한다면 더없이 좋겠지만, 그러기에는 시간과 비용이 너무 많이 들어갑니다. 그래서 빠르게 갈 수 있는 급행티켓을 찾습니다. 바로 프랜차이즈죠. 특히나 쉽게 접근할 수 있고, 회전율도 좋은 요식업 프랜차이즈에 많은 분들이 몰립니다.

본사에서 교육받고, 매장을 오픈하고, 직원을 채용합니다. 여기서 핵심은 메인잡이 별도로 있는 상황에서 매장은 오토로 돌리려고 하는 것입니다. 매장을 '오토로 돌린다.'는 의미는 사장이 매장에 상주하지 않고 직원을 고용하여 대신 운영을 맡기는 방식입니다. 일과시간에는 열심히 나의 메인잡을 수행하고, 매장은 그동안 직원들이 열심히 운영합니다. 퇴근 후 매장에 들러 수익을 확인하고 문제가 없는지 점검합니다. 여기까지는 그럴싸하게 보입니다. 하지만, 마이크 타이슨은 이렇게 말했다지요.

"Everyone has a plan, until they get punched in the mouth"

(누구나 그럴싸한 계획을 가지고 있다. 쳐맞기 전까지는)

과격한 표현입니다만, 실제로 음식점을 오랫동안 운영하셨던 부모님을 옆에서 보면서 요식업의 속내를 나름 잘 알기에 말씀드리고 싶습니다. 다른 업도 비슷하겠지만, 음식점의 경우 (진짜) 사장이 있을 때와 없을 때가 너무나 차이가 납니다. 몇 년 단골도 직원의 잘못된 응대에 한순간에 등을 돌립니다. 사장이 직접 꼼꼼하게 관리하지 않으면 청결과 위생에서 많은 문제가 발생합니다. 더구나 큰 매장이 아닌 이상 대부분 알바형태의 직원이기에 책임감은 기대할 수 없는 구조입니다. 결국 사장이 전부 책임지고 해야 합니다.

퇴근하고 매장에 가보면 대충대충 일하고 있는 직원들이 보입니다. 테이블 정리도 제때 안하고 일을 스스로 찾아서 하지 않습니다. 손님응대도 그지 떡떡힙니다. 하나하나 다 사징이 챙겨야 합니다. 휴일에 매장에서 하루 종일 있어보면 평일에는 도저히 오토를 돌릴 수 있을까 하는 강력한 의구심이 들게 됩니다. 프랜차이즈 매장을 운영하시는 건너건너 지인은 이렇게 말씀하셨답니다.

"내가 오토를 돌리려고 했는데, 알고보니 내가 본사의 오토였다."

### 서 말의 구슬을 꿰어 만드는 지식노동: 작가, 강사, 유튜버 등

취미로 유튜브를 하다가 본업이 돼버린 사람들의 이야기를 많이 들어보셨을 겁니다. 취미로 베란다에서 화분을 키우며 블로그를 만들었는데 나중에는 출판과 강의까지 하게 되신 분도 있습니다. 제가 실제로 그 책을 사서 보면서 식물재배를 해보았는데요, 딱딱하고 학문적이지않고 초보자의 입장에서 정말 친절하고 자세하게 설명을 해놓으셔서 많은 도움을 받았습니다.

세상에는 그런 숨은 고수들이 많습니다. 저는 전자기기를 참 좋아하는데요, 그저 취미로 전자기기 리뷰를 올리는 분들의 글을 보고 놀라는 경우가 많습니다. 프로 리뷰어 못지않게 아니, 오히려 프로보다 더 초보사용자의 마음을 뒤 흔들어 놓는 내용을 작성하시는 분들이 많기 때문입니다. 저 역시 브런치와 링크드인에 저만의 글을 포스팅해오고 있습니다. 그 덕분에 여러 가지 좋은 기회를 만나게 되었고, 이렇게 슬래시 워커가 되기도 했습니다.

자신의 영역에서 독특한 콘텐츠를 꾸준히 만들어 가는 것은 매우 중요한 일입니다. 저의 슬래시 커리어도 그렇게 시작되었으니까요. 하지만, 주의할 점이 있습니다. 어디까지 저와 같은 일반인 수준에서의 콘텐츠는 나중을 위한 마중물 이상은 아니라는 점입니다. 저도 한때 그런 착각을 했었습니다만, 나만의 콘텐츠로 출판, 강연, 유튜브 등으로 확장해서 수익을 창출해 보고자 했었습니다. 그래서 미미하지만 글쓰기 코칭 유료과정도 운영해 보았고, 혼자 e-Book을 만들어 배포해 보기도 했습니다. 이런 활동들은 잠깐의 화제는 될 수 있지만, 콘텐츠 자체로 큰 수익을 내기는 어려웠습니다.

유튜브에서 자신이 좋아하는 취미를 검색해보면 수많은 개인 채널이 나옵니다. 그들 중에는 구독자 십만 명 이상의 실버버튼도 있지만, 취미수준을 넘어 본격적으로 채널을 운영하시려고 하는 것 같은 채널임에도 불구하고 이제 구독자가 몇 천 명 혹은 몇 백 명 이하인 채널도 있습니다. 처음에는 엄청난 자금과 시간을 투입하여 그럴싸한 영상을 만들지만, 몇 달이 지나고 보면 콘텐츠 자체도 고갈되고 퀄리티도 하향하게 되는 경우를 많이 보았습니다.

우리나라에서 인세만으로 생계를 유지할 수 있는 작가는 모두 몇 분이나 있을까요? 출판업 관계자에게 들은 얘기는 매우 충격적이었습니다. 우리가 잘 아는 몇 분의 작가 분들도 생각보다 인세가 크지 않았습니다. 그분들이 그럴진대, 아무리 자신의 영역에서 콘텐츠를 잘 만든다 해도 일반인의 수준에서 얼마만큼의 유의미한 수익을 창출할 수 있을까요? 결국 서 말의 구슬을 꿰어도 보배가 아닙니다. 개인의 콘텐츠가 의미 없다는 말씀이 아닙니다. 나만의 콘텐츠는 나를 알리고 브랜딩하는데 많은 도움이 됩니다. 뒤에서 콘텐츠를 이용한 전략적 SNS 이용법에 대해서 말씀드릴 텐데요, 저는 링크드인에서 1.1K의 팔로워들과 소통하고 있습니다. 그 소통의 힘에 힘입어 새로운 기회들을 만날 수 있었습니다. 다만 일반인인 지금 시점에서는 콘텐츠 자체만으로는 의미 있는 소득을 올리기 어렵습니다. 콘텐츠를 잘 이용해서 다음 단계를 위한 마중물로 활용을 해야 합니다. 일반인이 어느 날 갑자기 유명 작가, 강연자, 유튜버가 되기는 현실적으로 불가능합니다.

**쉼을 포기하고 만드는 사이드프로젝트 : 투잡 개발자 등**

일과시간과 일과외 시간을 완벽하게 분리하여 각각 다른 직업으로 살아가는 분들이 있습니다. 주로 개발자들 사이에서 흔히 볼 수 있는데요, 월화수목금의 일과시간에는 회사의 개발프로젝트를 열심히 수행합니다. 다만 회사에서 사용하는 기술스택으로는 다른 회사에서의 활용도가 낮기에 언제가의 이직을 위해서 다른 기술스택의 프로젝트 경력을 만들고 싶어 합니다. 그래서 평일 일과 후와 주말을 이용해서 원하는 기술스택의 프로젝트를 수행합니다.

평일에는 직장인이지만, 평일 퇴근 후와 주말에는 프리랜서가 되는 것이지요. 앞서 말씀드린 야간배송이나 대리운전보다는 육체적으로 유리하긴 합니다. 그럼에도 쉼을 포기하는 것은 동일합니다. 단기간 프로젝트 성으로는 가능하겠지만 장기간 사이드프로젝트를 유지하는 것은 대리운전이나 야간배송처럼 수면부족과 만성피로와 더 친해지는 지름길일수 밖에 없습니다.

# / 5 /

# 투잡이 아닌,
# 슬래시 커리어의 세계

## 가. 사이드잡부터 시작하는 슬래시 커리어

앞서 '투잡'과 '메인잡+사이드잡'은 구분이 필요하다고 말씀드렸습니다. 처음부터 투잡이 되기는 어렵습니다. 사이드잡을 키워서 본래의 메인잡만큼으로 만들어야 진정한 투잡입니다. 그래서 사이드잡을 구성할때 전략이 필요합니다.

제 경험에 비추어 사이드잡을 구성할 때의 원칙에 대해서 말씀드리겠습니다.

첫 번째, 언젠가 혹은 우연히 라도 메인잡이 될 수 있는 사이드잡을 해야 합니다.

앞서 말씀드렸듯 야간배송이나 대리운전은 나름의 가치가 있지만, 향후 메인잡으로 하기는 어렵습니다. 일한 시간이 아닌, 완수한 일에 대해서 매출이 발생하기에 수입이 고정적이지 않으며, 메인잡이 될 경우 밤과 낮이 바뀌기 때문입니다. 그래서 메인잡의 보완재로서는 적절하지만 대체재가 되기는 어렵습니다.

두 번째, 본업과 관련된 일보다는 나의 이름을 기반으로 만들어야 합니다.

표현하기 민감하지만, 내가 특정조직이나 특정포지션에 있기에 할 수 있는 사이드잡들이 있습니다. 이를테면 대기업의 특정분야 담당자가 관련 협력업체들의 요청을 받아 강의를 하는 경우도 있습니다. 물론 당연히 회사에 보고를 하고 적법하게 이루어지는 일이지만, 이를 착각하면 내가 잘나서 강의를 하고 강의료를 받는다고 생각하게 됩니다. 착각이 계속되면 나중에 퇴직하고서도 정기적으로 예전의 협력업체들을 상대로 하는 강의를 향후의 메인잡으로까지 생각하게 됩니다. 이미 앞에서 말씀드렸는데요, 명함에서 회사 이름이 지워지면 어떻게 될까요?

최근 시대예보 시리즈로 곧 다가올 미래사회에 대한 날카로운 성찰을 보여주시는 송길영 작가님은 저서 '핵개인의 시대', '호명사회'에서 앞으로는 조직의 이름보다는 개인의 이름으로 이루어지는 경제활동이 활발해 질것이라고 하셨습니다. 정말 옛날에는 힘 있는 조직에서 퇴사한 이후 이른바 산하기관이나 협력업체에서 한자리 차지하는 경우가 많았다는 전설(?)이 있습니다. 이 정도까진 아니어도 현직에 있기에 혹은 퇴직을 하더라도 이른바 전관예우 격에 해당하는 사이드잡은 큰 의미가 없습니다. 당장은 명함에 회사이름이 지워졌다고 해도 잔상이 남아있기에 당분간은 현직에 준하는 대우를 받을 순 있지만, 잔상은 곧 사라지게 됩니다.

세 번째, 현직에 있을 때 사이드잡을 시작해야 합니다.

현업에 집중하는 것은 아주 중요합니다. 그러나 현업에 집중하는 이유로 사이드잡에 아무런 신경을 쓰지 않아서는 안 됩니다. 물론 전문지식과 기술이 풍부하기에 언제든 사이드잡을 할 수 있는 분들도 계십니다만, 대부분의 일반 직장인들은 그렇지 않습니다. 지금은 바쁘니까. 지금은 피곤하니까라는 핑계를 대고 쉼과 취미에만 집중하게 되면 절대 사이드잡은 시작할 수 없습니다.

저의 경우, 비자발적으로 퇴사를 하기 직전에 강의와 기고로 사이드잡을 시작했습니다. 강의를 하는 날은 휴가를 내었고, 회사로부터 받는 근로소득 외에 저만의 기타소득을 창출하였습니다. 그 덕분에 퇴사이후 막막한 시기에 기타소득인 강의로 급한 불은 끌 수 있었습니다. 만약 제가 퇴사 이후 강의를 찾으려고 했다면 절대 찾을 수 없었을 것입니다. 뒤에서 말씀드리겠지만, 저

의 사이드잡은 수개월에 걸친 준비 후 갑자기 찾아왔기 때문입
니다.


## 나. 지난 1년, 나의 소득구성의 변화


이제 실제로 지난 1년간 저의 메인잡과 사이드잡, 그리고 어느
새인가 슬래시 워커가 되어 이른바 N잡러가 된 지금의 소득 구
성을 말씀드리겠습니다. 2024년 9월에 저의 근로소득은 끊겼습
니다. 다행히 1년넘게 이어진 저의 포스팅과 퍼스널 브랜딩의 도
움으로 2024년 상반기에 간헐적으로 강의와 기고를 할 수 있었
습니다.


### 2024년 상반기

월소득 100 (근로소득 95% : 기타소득 5%)
(이후에는 2024년 상반기의 월소득을 100으로 하고 변화량을 말씀드리겠습니다.)


사실 10%가 되지 않은 달도 있지만 실수령액 기준으로 약
95:5 율로 기타소득을 창출했습니다. 2024년 상반기에 저는 온
라인 강의 플랫폼, 공공기관, 스타트업에서 리더십 강의를 했습
니다. 꾸준한 포스팅의 결과였습니다. 2023년 7월부터 12월까지

100편의 글을 링크드인과 브런치에 포스팅했습니다. 워킹데이 기준으로 하루 0.9편의 글을 매일매일 올렸습니다. 리더십이라는 딱히 재미있는 주제는 아니었지만, 현직 리더 분들에게는 나름 도움이 되는 내용이었는지 저의 글들을 계속해서 구독해 주셨던 온라인 교육플랫폼 기획자께서 저에게 커피챗을 신청하셨고, 2023년 10월의 커피챗은 2024년 1월 제 이름을 건 강의 1호로 이어졌습니다.

이날 한 보안스타트업의 직원 분께서 제 강의를 들으러 오셨는데, 제 강의가 끝나자마자 바로 회사로의 출강을 제안해 주셨습니다. 실마실마 했는데, 강의가 끝난 후 며칠 뒤 다시 연락을 주셔서 제 강의가 확정되었으니 세부사항 조율을 하자고 연락을 주셨습니다. 믿기지 않는 심정으로 또다시 강의를 했습니다.

이후 꼬리에 꼬리를 물 듯, 한 공공기관에서 팀장님들 대상의 리더십 강의를 요청해 주셨습니다. 그리고 바로 HR전문잡지의 기고와 반도체 대기업의 내부게시용 리더십 칼럼을 연달아 요청받게 되었습니다. 소액이었지만, 그 어떤 보석보다 소중했습니다. 온전히 저의 이름과 콘텐츠로 소득을 창출하게 되었으니까요.

그렇게 2024년 상반기는 강의 3회, 기고 2회의 사이드잡을 할 수 있었습니다.

<u>**2024년 8월**</u>

월소득 100 (근로소득 80% : 강사료 20%)

저는 2024년 8월에 해고통보를 받았습니다. 퇴사예정일은 9월 20일경, 약 1개월의 근로소득이 남아 있었습니다. 해고통보를 받은 당일을 아직도 잊지 못합니다. 눈앞이 막막하다는 표현을 이럴 때 사용해야 하는가 싶었습니다. 하지만 다행히 이날 저는 새로운 강의요청을 받았습니다. 경기도내 한 지자체의 CEO들을 위한 조찬회의 리더십 강의였습니다. 2차수에 걸친 강의였기에 같은 내용을 두 번 강의하면 되는 가성비좋은 강의였습니다. 해고통보를 받은 날 새롭게 강의를 요청받다니 참으로 기분이 이상했습니다.

" When one door shuts, another opens."

헬렌 켈러의 말씀이 생각났습니다. 정말로 하나의 문이 닫히자마자 새로운 문이 열렸습니다. 그렇게 저는 다른 방으로 들어갔습니다.

<u>**2024년 9월**</u>

**월소득 100 (근로소득 45% : 강사료 55%)**

다른 방으로 들어가자 또 다른 강의요청을 받게 되었습니다. 강의요청서를 본 순간 저는 깜짝 놀랐습니다. 시리즈E, 누적투자금 천억의 기업이었습니다. 2024년 이 기업의 매출액은 천억 중반에 이릅니다. 이 기업의 전사 리더들을 위한 리더십 강의였습니다. 세부적으로는 성과관리와 성과코칭 면담이 주제였습니다.

특정기업의 리더들을 위한 강의다보니, 상당 부분의 커스터마이징이 필요했습니다. 서의 과정개발 수준의 품이 들었습니다. 하지만, 총 7차수에 이르는 강의는 너무나도 매력적이었습니다. 고객사가 원하는 다양한 사례와 현업 활용 kit까지 예전 HR컨설팅기업에 있을 때보다도 더 과정개발에 매달렸습니다. 강의가 저의 메인잡이 될 수도 있다는 생각에 더 집중했습니다. 운이 좋게도 7차수 강의 외에 강남에 위치한 건강기능식품기업에서 성과관리와 컨설팅을 겸한 강의를 제안 받아서 하루 또 강의를 할 수 있었습니다. 이렇게 많은 강의를 진행하다보니 20일경 종료된 근로소득보다 기타소득이 약간 높기도 했습니다.

## 2024년 10월

월소득 60 (강사료 100%)

드디어 근로소득이 종료되었습니다. 인생에 있어서 첫 비자발적 무직이었습니다. 2024년 여름은 올해만큼이나 유난히 더웠습니다. 힘든 더위에 몸과 마음은 더 지쳤습니다. 하지만, 8월~9월에 이르는 강의는 저에게 힘들어할 틈을 주지 않았습니다. 과정개발에 준하는 강의를 준비해야 했기 때문입니다. 더구나 세자리수에 이르는 강의 슬라이드와 실습을 위한 사례, 현업활용 kit까지 혼자서 만들어야 했습니다. 하지만 AI의 도움으로 부족한 디자인 및 구조화 역량을 보완할 수 있었습니다. 뒤에 다시 말씀드리겠지만, 4말5초에게 AI는 축복입니다.

## 2024년 11월~12월

월소득 10 (강사료 100%)

7차수에 이르는 장기강의가 종료되고 보릿고개가 찾아왔습니다. 11월에는 강의를 한번밖에 하지 못했습니다. 그마저도 2시간이었기에 강사료는 많지 않았습니다. 8월,9월 강의가 한참 많을 때는 메인잡이 될 수도 있겠다고 생각까지 했었지만, 인기 강사이거나 고정된 고객사가 있지 않은 경우에는 고정 강의는 어려웠습니다.

사실 강의는 지속성이 없다고 판단해서 9월부터 새로운 프리랜서 직업에 도전하기 시작했습니다. 바로 써치펌의 헤드헌터입니다. 헤드헌터로부터 한두번은 제안을 받아보신 적이 있으실 텐데요, 헤드헌터란 직업은 그야말로 0과 1만이 존재하는 세계입니다. 즉, 성공과 실패만 존재합니다. 성공하면 나름 고액의 수수료를 받을 수 있지만, 실패하면 아무것도 없습니다. 상위 헤드헌터의 고액수수료에 혹하여 많은 분들이 퇴직 후 헤드헌터에 도전합니다. 저 역시 그들 중 하나 였습니다. 어려운 직업이라는 것을 알고는 있있지만, 달리 선택의 여시도 없었습니나. 다만 성과가 난다면야 메인잡으로 만들고 싶은 욕심은 있었습니다. 그래서 저는 강의횟수가 급격히 감소한 9월 중순부터 헤드헌터 업무를 시작했습니다.

헤드헌터는 매우 외로운 직업입니다. 하루 종일 모니터를 바라보며 끊임없이 제안하고 거절당합니다. 제안을 수락하신 분들과는 피드백을 주고받으며 이력서를 작성합니다. 그리고 고객사에 추천합니다. 이 과정을 거의 비대면으로 진행합니다. 전화통화와 메일은 많이 주고받지만 정작 실제 사람과 대면하여 이야기할 기회는 거의 없습니다.

더구나 신입 헤드헌터는 성과를 올리기 위해서 상당기간 기약없는 노력을 해야 합니다. 헤드헌터 세계에 입문해서 빠른 분들은 1~2개월 만에 성과를 올리시기도 하지만, 반년이 넘어가는 사례도 많습니다. 첫 성과를 올리기까지의 기간에는 아무런 수익도 없이 일해야만 합니다. 저역시 9월 중순부터 12월까지 약 4개월에 이르는 기간동안 성과없이 그저 하염없이 제안과 거절을 반복해야 했습니다.

그렇게 저는 11월과 12월에는 소액의 강사료 수입을 제외하고는 아무런 소득을 창출하지 못했습니다.


### 2025년 1월
**월소득 80 (인재추천 수수료 100%)**


4개월에 걸친 깜깜이 기간의 종료는 예고 없이 찾아왔습니다. 2024년 12월초 우연히 제안 드린 분의 이력서가 고객사에 추천된 순간과 동시에 서류합격을 했고, 면접 역시 빠르게 조율되었습니다. 면접 역시 파죽지세로 합격하였습니다. 사실 기업에 인재를 추천할 때는 경력 공백이 있는 경우 서류통과도 쉽지 않습니다. 이분의 경우도 경력공백이 있는 분이었는데, 강점이 확실하기에 고민 끝에 제안 드렸고 그분 역시 반신반의로 제안을 수락해 주셨지요. 하지만 서류와 면접을 바로 돌파하시고 최초 포지션을 제안한지 1개월 만에 입사를 하시게 되었습니다. 1월 2일, 새해의 첫 영업일에 저는 그렇게 첫 매출을 만들어낼 수 있었습니다.

### 2025년 2월

월소득 40 (인재추천 수수료 100%)

두 번째 성과역시 우연하게 이루어졌습니다. 2024년 12월 크리스마스 즈음 큰 기대 없이 제안 드린 분이 덜컥 서류에 합격하였고, 저의 첫 후보자 입사일인 1월 2일에 면접을 보게 되었습니다. 면접결과는 그리 좋지는 않았습니다. 하지만 고객사에서는 제 후보자의 역량을 못내 아쉬워하였고, 쌩쌩한 빌냉속에 결국 입사를 하게 되었습니다. 그렇게 저의 두 번째 성과가 이루어 졌습니다. 1월의 포지션보다 연봉이 낮은 포지션이었으므로 당연히 수수료도 낮았습니다. 하지만, 유의미한 소득을 고정적으로 창출한다는 것에 매우 고무되었습니다.

### 2025년 3월

월소득 60 (인재추천 수수료 100%)

무난하게 세 번째 합격자를 만들 수 있었습니다. 이제는 혼자서 식사하고 하루 종일 전화 외에는 타인들과 대화하지 않는 삶에 많이 익숙해 졌습니다. 기존에 알고 있었던 주변의 헤드헌터

분들과는 같은 업계인 만큼 대화가 잘 통했습니다. 그래서 직장 동료처럼 가끔씩 연락을 주고받으며 외로운 헤드헌터 생활을 견 뎌낼 수 있었습니다.

### 2025년 4월

월소득 50 (근로소득 100%)

앞서 말씀드렸던 저의 슬래시 커리어 1호가 탄생했습니다. 앞서 말씀드렸듯 언론사의 HR기획자로 일하게 되었습니다. 반년 동안 끊겼던 근로소득이 다시 시작된 것이 참으로 경이롭기만 했습니다. 물론 예전 수준의 금액에는 미치지 못하지만 일주일에 이틀 출근하는 파트타임이기에 나머지 시간에는 헤드헌터 업무에 집중할 수 있었습니다. 4월에는 초심자의 행운이 끝났는지 헤드헌터로서의 수익은 없었지만, 반년 만에 재개된 근로소득의 도움으로 생존할 수 있었습니다.

### 2025년 5월

월소득 150 (근로소득 40% : 인재추천 수수료 60%)

작년 이후 가장 행복했던 달이 아닐까 합니다. 4월부터 시작되어 고정 근로소득이 들어오고 있는 와중에 헤드헌터업무에서 어려운 포지션에 합격자를 만들어 낼 수 있었습니다. 최초 우연히 제안 드렸고, 후보자역시 업무에 바쁜 나머지 시일이 지난 이후 제안을 확인하고 수락을 하셨습니다. 어려운 포지션이었기에 사실 큰 기대를 하지 않았는데, 고객사에서는 매우 fit한 인재로 판단하셨고 일사천리로 합격이 되었습니다. 수수료 조건도 좋아서 예상했던 것보다 큰 수수료를 받을 수 있었습니다. 근로소득과 기타소득을 동시에 올리게 되어 매우 행복했습니다. 이직을 하신 이후에 직접 후보자분을 만나 뵙고 식사를 하였는데, 너무나 만족하시는 그 모습에 보람도 많이 느꼈습니다.

이시기부터 저는 소위 N잡러의 가능싱이 보이기 시작했습니다. 더구나 언론사외에도 모기업에서 분사하는 IT스타트업의 파트타임 HRBP 포지션도 논의중이었기에 잘만하면 세 개의 명함 (언론사, 헤드헌터, IT스타트업) 도 가능하다고 생각했습니다. 올해 들어서는 강의를 하지 못했기에 일단 유효한 세 가지 명함을 만들고 싶었습니다. 하지만 결과적으로는 IT스타트업의 HRBP는 인연이 되지 않았습니다.

### 2025년 6월

월소득 50 (근로소득 100%)

오름이 있으면 부침도 있음을 뼈저리게 경험했습니다. 5월에

달성한 큰 금액의 수수료 수익은 정말로 달콤했지만, 이후 별다른 성과는 없었습니다. 5월의 큰 수익에 제가 자만한 것 같았습니다. 그래서 지금도 초보 헤드헌터이긴 하지만, 더 초심으로 돌아가기로 생각하고 꾸준하게 계속해서 제안을 하기 시작했습니다. 별다른 소득 없이 보낸 작년 말과 비교해보자면, 고정적인 근로소득이 있다는 점은 하늘과 땅차이입니다. 그렇게 저는 이틀은 직장인으로, 사흘은 프리랜서 헤드헌터로 일했습니다.

### 2025년 7월 이후

**월소득 70 (근로소득1 75% : 근로소득2 25% : 플러스 알파)**

"자연은 진공을 허락하지 않는다." 아리스토텔레스의 말이라고 합니다. 자연은 끊임없이 빈 공간을 채우려고 노력한다고 하지요. 저는 커리어도 이와 비슷하다고 생각합니다. 작년 9월, 근로소득이 끊기고 빈 공간이 생겼지만, 조금씩 채워지고 있음이 매우 신기하기만 합니다.

7월은 저에게 중요한 시금석이 되는 달이었습니다. 바로 두 번째 근로소득이 시작되었기 때문입니다. 뒤에서 다시 말씀드리겠지만, 갑자기 새로운 일이 생겼습니다. AI 스타트업을 돕는 일입니다. 구성원들은 이미 몇 년 전부터 알던 예전 직장동료들입니다. 친하게 지냈기에 막연하게 언젠가는 같이 일을 하고 싶다는 생각을 가졌지만, 저는 20년이 넘는 경력의 대부분을 전통기업에서 보냈기에 스타트업의 DNA와는 전혀 어울릴 수 없다고 생각했는데, 오히려 다른 DNA이기 때문에 같이 할 수 있게 되었습니다.

아직은 작은 스타트업이라 정식 근로계약은 서로가 부담이 되기 때문에 단기간 근로계약으로 그들과 함께 하기 시작했습니다. 어찌 보면 처음에는 서로가 큰 기대를 하지 않았습니다. 하지만 막상 같이 하고보니 팀워크가 잘 맞았습니다. 그래서 계속해서 근로계약관계를 이어오고 있으며, 다양한 프로젝트를 같이 준비하고 또 실행하고 있습니다. 또한 대부분의 업무는 비대면으로 하고 있기에 다른 업무들과 효율적으로 시간을 배분하여 사용할 수 있어서 금상첨화입니다. 이렇게 저는 슬래시 커리어 1호인 종합언론사의 HR기획자, 2호인 프리랜서 헤드헌터에 이어 3호인 AI 스타트업의 기획자/PM으로 두 종류의 근로소득과 한 종류의 사업소득을 창출할 수 있게 되었습니다.

5월 이후 헤드헌터로서의 성과가 미진하여 걱정이 많긴 합니다. 최종합격 목전에서 낙마하는 경우를 연속해서 겪다보니 정신적 타격이 큰 듯 합니다. 하지만, 현재 꾸준하게 고객사 영업을 하고 있으며, 진행 중인 포지션들이 있기에 조만간 다시 성과를 만들 수 있으리라고 생각합니다.

**새로운 슬래시 커리어의 준비 시작**

앞서 말씀드린 플랜C/달란트50 프로젝트에서 저의 다섯번째 명함을 만들어 낼수 있도록 준비중에 있습니다. 강의의 경우, 기존 리더십 콘텐츠외에도 AI와 관련된 내용을 새롭게 추가하여 가을 이후 새로운 콘텐츠로의 강의를 준비하고 있습니다.


- 첫번째 명함: 종합언론사의 HR기획자

- 두번째 명함: 프리랜서 헤드헌터

- 세번째 명함: AI스타트업의 기획자/PM

- 네번째 명함: 프리랜서 강사와 작가

- 다섯번째 명함: 플랜C/달란트50

# / 6 /

# 슬래시 커리어의 시작

## 가. 전국종합일간 언론사의 HR 기획자

SNS에 어떤 사진을 올리시나요? 누구나 두어 개의 정도의 SNS를 이용하실 겁니다. 주로 일상, 여행, 운동 등의 사진과 함께 근황을 지인들에게 공유하는 용도로 이용합니다. 자전거, 요리 등 취미가 있으면 더욱더 SNS에 올릴 내용은 많습니다. 이 많은 내용들의 공통점이 있습니다. 바로 '사진'입니다. 누가 보아도 흥미를 끌만하거나 자랑할 만한 사진과 같이 SNS에 포스팅을 하게 됩니다.

예전 어떤 자리에서 들은 이야기가 생각이 납니다. 젊은 시절에는 다양한 경험과 활동에서 찍은 사진을 SNS에 올리지만 나이가 들어서 반복적인 삶을 살게 되면 꽃사진을 주로 올리게 된다고 말이지요. 그 말을 듣고 보니 과연 제가 많은 활동을 했었던 페이스북에서 저보다 나이가 많으신 분들이 포스팅하신 글 중에서는 유난히 꽃과 식물 사진이 많았던 기억이 났습니다.

커리어 얘기를 하다가 갑자기 SNS 라니? 주제가 맞지 않다고 느끼실 수도 있습니다. 하지만, 지금부터 시작될 저의 커리어 여정에서 SNS는 아주 많은 부분을 차지하고 있습니다. 저는 SNS 중 하나인 링크드인을 통해서 제 자신을 홍보했고, 퍼스널브랜딩을 만들어 왔기 때문입니다. 구슬이 서 말이라도 꿰어야 보배라고 하지요? 저의 구슬들을 꿰어 준 것은 바로 링크드인입니다.

## 나를 미리 소개해 주는 퍼스널 브랜딩

2025년 7월말 기준, 저의 링크드인 팔로워는 11,000명이 넘습니다. 흔히들 '11K+'라고 표현을 합니다. 지금도 저의 팔로워는 꾸준히 증가하고 있습니다. 제가 비자발적 백수가 되었을 때 저의 팔로워는 7~8,000명 정도였습니다. 특히 HR과 리더십에 관한 글을 꾸준히 포스팅하였기에 저의 브랜딩을 어느 정도 만들어 놓았던 시기였습니다. 이런 퍼스널브랜딩을 통해서 작년에 의미 있는 부수입을 만들기도 하였습니다.

다시 비자발적 백수의 시작으로 돌아가 보겠습니다. 링크드인은 모두 잘 아시다시피 커리어를 기반으로 한 SNS입니다. 자신의 경력과 역량을 홍보하고 이를 통해 새로운 일을 찾기도 하고,

적합한 인재를 찾기도 합니다. 광고가 주 수입원인 다른 SNS와 달리 링크드인은 인재검색 서비스라는 강력한 수익모델이 있기에 광고가 상대적으로 적고, 해당분야 전문가들의 훌륭한 콘텐츠가 넘쳐났습니다. 그래서인지 새로운 일을 찾으려는 개인과, 새로운 사람을 찾는 기업은 링크드인에 공개적으로 홍보를 많이 합니다. 실제로도 그렇게 연결이 되는 사례가 꽤 많다고 들었습니다. 그런데 제가 당사자가 될줄은 상상도 못했습니다.

**질병과 퇴사는 주변에 알려라? 내가 여기 있다고 알려야 합니다**

서는 과감하게 구직의 글을 포스팅했습니다. 꾸준히 리더십에 관한 글을 포스팅해왔고, 지속적인 내부 활동으로 저의 글은 타인들에게 노출될 확률이 컸기 때문입니다. 저의 상황을 간단히 설명하고 새로운 일을 찾는다는 글을 올리자마자 현직 헤드헌터 한분이 저에게 관심을 보이셨습니다.

그분은 단순하게 저에게 맞는 포지션을 추천하려는 것이 아니라, 이미 저의 글을 꾸준히 보셨기에 이번 기회를 통해서 저와 대화를 시간을 가지고 싶어 하셨습니다. 물론 대화를 하고 나면 저에게 더 적합한 포지션을 추천받기도 쉽다고 판단하였기에 그분의 온라인 미팅 요청에 기쁜 마음으로 임했습니다. 당시는 몰랐지만, 그때의 온라인 미팅이 저의 슬래시 커리어의 큰 단초가 되었습니다. 미팅 이후, 그 분은 실제로 저에게 기업의 HR포지션을 제안해 주셨고, 적합하다고 판단했던 포지션에는 지원까지 하게 되었습니다. 하지만, 이미 '4말5초' 사무직인 저에게 길은 좁았습니다. 기쁜 마음으로 참석했던 면접은 깊은 좌절감을 주기도 했습니다.

링크드인을 통한 이직은 그저 소설속의 일이라 생각하고 잊어버리고 바쁘게 살던 어느 날 그분에게서 연락이 왔습니다. 이미 N잡러가 되기 위해 고군분투하던 저를 알고 계셨기에 저에게 적합한 포지션을 제안하시기 위해서 였습니다. 풀타임이 아닌 파트타임이면서도 저의 분야인 HR업무를 할 수 있는 자리였습니다. 그 연락이 온지 1개월 10일 만에 제 슬래시 커리어의 첫 단추가 되어준 곳으로 첫 출근을 하게 되었습니다.

일주일에 이틀 출근하기에 더 집중해서, 몰입해서 일 할 수 있습니다. 정규직이 아니기에 더 솔직하게 저의 의견을 피력할 수 있습니다. 애초부터 서로가 원하던 바였기에 지금 출근하는 날마다 행복하게 일하고 있습니다. 이 글을 쓰는 지금 기준으로, 합류한지 5개월 차가 되었습니다. 그동안 인사관리, 채용, HRD 등 HR의 전반에서 제도개선에 참여하고 있습니다. 다행히도 조직의 구성원들과 재미있게 협업하며 하나하나 만들어 가고 있습니다. 일단 조직 안으로 들어와보니 예전 HR 컨설턴트로 일할 때보다 더 많은 것들이 보입니다.

**결론**

4말5초 시니어는 이제 채용공고에 자신을 맞추어 지원하는 것이 쉽지 않습니다. 20여년의 경력에 부합하는 포지션을 만나기는 쉽지 않겠지요. 오히려 나를 알려서 나의 경력에 맞는 포지션이 나를 발견하도록 해야 합니다. 예전에는 알음알음으로 일자리를 구하곤 했었는데요, 알음알음의 범위는 그리 넓지 않고, 시간도 오래 걸립니다. 인터넷이라는 훌륭한 기반이 있습니다. 이 기반위에서 나를 효율적으로 알려보세요. 특히 저는 링크드인을 강력하게 추천 드립니다.

## 나. AI 스타트업의 기획자, 프로젝트관리자

### 과거의 인연에서 찾아온 또 다른 기회

앞에서 말씀드린 언론사의 HR기획자로 워킹데이 5일중 2일을 채웠습니다. 나머지 3일은 프리랜서 업무를 하였습니다. 프리랜서의 일은 그야말로 0 or 1이기 때문에 일단 상당한 시간투입이 필요합니다. 하지만 직장인과는 다르게 내가 정해진 시간만큼 일을 했다고 그대로 수입으로 이어지지 않습니다. 상당한 리스크가 있지요. 다행히 저는 최소한의 근로소득이 있었기에 워킹데이 5일중 근로소득 2일과 프리랜서의 소득 3일에 대해서 만족하면서 프리랜서의 일에 더 숙련도를 높이기 위해 노력했습니다. 그러던 중 저에게는 또 다른 기회가 찾아왔습니다.

저는 예전 IT 스타트업에서 HR LEAD로 근무했던 경험이 있습니다. 전통적 기업과 산업에서만 일했던 저에게는 매우 신선한 경험이었습니다. 그동안 제가 알고 있던 상식과는 전혀 다른 세계에서 처음에는 매우 고생했지만, 적응을 넘어서 전통적 HR을 스타트업에 적용하면서 나름의 성과를 만들었습니다. 그렇게 성과를 만들면서 다양한 분들과 만나게 되었습니다. 개발자, 디자이너, 기획자 등 기존 저의 경험에서라면 절대 만나지 못했을 분들과 만나게 되었고, 그들로부터 많은 것을 배울 수 있었습니다.

스타트업은 입퇴사가 매우 빈번합니다. 당시 서로 팀워크가 좋았던 몇몇 분이 결국 퇴사를 하였고 새로이 팀을 꾸려 창업을 했습니다. 창업을 했다는 소식을 제3자를 통해 건너들었지만, 서로가 시간을 내어 만날 만큼의 여유는 없었습니다. 그저 가끔 HR 관련해서 전화로 조언을 드리는 정도였습니다. 그렇게 가끔 안부만 전하면서 몇 년이 흘렀습니다.

## 서로가 빈곳이 있는 사람들

어느날, 그들로부터 연락이 왔습니다. HR 영역에서의 새로운 일을 만들고 있는데, HR경력자의 의견이 필요해서였습니다. 제가 잘 아는 분야이기도 하고, 그들과 친했기 때문에 저는 나름대로 내용을 정리해서 알려드렸습니다. 그 내용이 단초가 되어 저는 그들과 HR분야 AX 프로젝트로 스타트업 지원사업에 도전을 하게 되었습니다. 물론 계약관계가 아니기에 저도 부담 없이 즐겁게 HR AX 프로젝트를 기획했습니다. 도전은 아쉽게도 실패했지만, 실패는 새로이 다른 프로젝트로 이어졌습니다.

그들은 한 대기업의 개발용역을 수행하고 있었는데, 고객사와의 소통을 담당하고 계신 분께서 퇴사를 하시게 되어 풀타임이 아닌 파트타임 대체투입 인력이 필요하던 차였습니다. 마침 저는 풀타임이 아닌 파트타임 근로자였기에 그들의 일을 도울 수 있었습니다. 고객사 상주 포지션이긴 했지만 개발 프로젝트의 막바지였기에 상주할 필요 없이 주1회 정기 미팅에만 참석하면 되었습니다. 그렇게 저는 그들의 AI 스타트업에 파트타임으로 합류하게 되었고, 업무범위를 넓혀 프로젝트관리를 하게 되었습니다. 저는 전통기업에서 사업관리를 한 경험이 있기에 경험을 살려 업무를 할 수 있었습니다. 오히려 전통기업의 프로젝트 관리기법을 스타트업에 적용하면서 의미 있는 성과를 만들 수 있었습니다.

원래부터 인간적인 신뢰가 있었고, 서로가 잘하는 분야가 무엇인지 서로가 잘 알고 있는 터라 각자의 전문영역을 존중하면서 재미있게 일하고 있습니다. 일주일 중 대면하는 시간은 거의 없지만 IT기술 덕분에 알차고 효율적으로 일하고 있습니다. 오히려 비대면으로 만나기에 더 집중적으로 일할 수 있는 장점이 있습니다. 일반적 기업이라면 인간관계도 중요하기에 식사나 회식 등 같이 하는 시간이 필수적으로 있어야 하지만, 이미 관계가 어느 정도 정립되었기에 '진짜' 업무에만 몰입하면 되기 때문입니다.

계륵이란 표현이 있습니다. 먹자니 먹을 것이 별로 없고, 버리자니 그래도 먹을 부분이 있어서 아까운 닭갈비입니다. 스타트업을 보면 그런 포지션들이 많습니다. 풀타임 담당자를 채용하기엔 업무가 아주 많지도 않고 연봉도 부담됩니다. 그렇다고 채용을 하지 않자니 대체할 사람도 없습니다. 그럴 때 파트타임으로 일할 사람이 있으면 얼마나 좋을까하고 고민하는 경우가 많습니다. 저의 경우에도 올해 3월 파트타임 HRBP 포지션을 한 스타트업으로부터 제안 받은 경험이 있습니다. 여러 가지 사정으로 인연이 되지 못했지만, 저는 이때부터 4말5초 시니어들에게 단순 업무가 아닌 전문영역에서의 파트타임 포지션의 가능성을 보았습니다.


**결론**

앞서도 말씀드렸듯 4말5초의 시니어는 이제 재취업이 매우 어렵습니다. 적합한 포지션을 만나는 것도 어렵지만, 입사를 하고 나서 만나게 되는 암묵지는 더더욱 어렵습니다. 주직장 퇴사 후 어렵게 재취업하였는데도, 얼마 되지 않아 퇴사하시는 분들이 많은 이유이기도 합니다. 이제 시니어에게 스타트업도 새로운 도전영역이라고 생각합니다. 스타트업은 IT 영역에만 한정되지 않습니다. 다양한 전통분야에도 스타트업이 있습니다. 농업, 어업 등 스타트업과 전혀 관련이 없을 듯한 분야에서도 스타트업이 꾸준히 생기고 있습니다. 전통분야에서의 스타트업은 해당분야의 경험이 필요할 수밖에 없습니다. 제가 아는 농업 스타트업의 경우에도, 전통적인 농산물 유통라인에서 상당한 경험이 있으신 시니어가 합류해서 좋은 성과를 내고 있습니다. 스타트업은 시니어의 또 다른 기회의 땅이 될 수 있습니다.

하지만 스타트업은 언제나 자금이 부족합니다. 그래서 풀타임 채용에 대해서 매우 예민합니다. 그래서 스타트업과의 인연을 위해서는 초기에 파트타임 혹은 단기 프로젝트로 다가가는 것이 유리합니다. 주직장 퇴사를 한 이후의 시니어들은 풀타임 이외에는 생각을 하지 않지만 이제는 풀타임보다는 여러 개의 직업으로 리스크를 분산시키는 것이 중요합니다.

여기서 한 가지 팁이 있습니다. 링크드인에서 많은 스타트업의 대표님들의 고민을 볼 수 있습니다. 위에서 말씀드린 스타트업의 계륵 딜레마에 고민이 많습니다. 이럴 때 댓글이나 DM으로 문제에 대한 대화를 하다보면 새롭게 기회를 얻을 수도 있습니다. 즉 이제 마인드를 인바운딩에서 아웃바운딩으로 리셋하는 것이지요. 앞챕터와 동일한 이야기지만, 내가 먼저 나를 알려야 합니다. 평소 전문분야에 관련된 글로 자신을 브랜딩하다보면 생각지도 못하게 어디에선가 S.O.S. 요청이 들어올수도 있습니다.


## 다. 써치펌의 리서처(헤드헌터)

### 진입장벽은 낮지만…

많은 분들이 한두 번쯤은 헤드헌터의 포지션 제안을 받아 보신 적이 있으실 겁니다. 헤드헌터는 잡포털에 올려놓은 이력서를 바탕으로 적합하리라고 판단되는 포지션으로의 이직을 제안을 합니다. 별도의 자격증이 필요 없고, 해당 업계의 경력이 필수가 아니기 때문에 진입장벽이 매우 낮은 직업입니다. 물론 진입장벽이 낮다고 해서 업무강도나 난이도가 낮지는 않습니다. 오히려 매우 어려운 직업이기에 생존이 매우 어렵습니다.

인사업무를 오래 해 오신 분이나, 특정 업계에 네트워크가 탄탄하신 분들이라면 주직장 퇴사 이후 헤드헌터로 입문하시는 분이 많습니다. 다른 일도 비슷하지만, 특히 헤드헌팅은 결국 사람이 핵심이기에 기술적인 전문지식이 없더라도 진입하기에 큰 무리가 없기 때문입니다. (물론 헤드헌터 세계로의 진입과 생존, 그리고 성과는 전혀 다른 영역이긴 합니다.) 저 역시 인사업무를 해 왔기에 언젠가는 해야 할 직업이라고는 막연하게 생각해 오고 있었습니다. 채용업무의 최전선부터 면접관까지의 경험이 있는데다가, 제 자신이 헤드헌터의 도움으로 이직을 한 경험도 있기 때문입니다.

## 맨땅에 헤딩은 없다. 결국 주변의 도움으로 시작된다.

헤드헌터의 입문은 주변 지인의 추천으로부터 시작되었습니다. 이미 제 주변에는 현직 헤드헌터가 몇 분 계셨고, 그들로부터 헤드헌팅이라는 업무에 대해서 많이 들어 왔기에 언젠가는 이 직업을 해야겠나고 막연하게 생각하고 있었습니다. 나중에, 나중에, 정말 나중에 라고 생각했습니다. 하지만, 제가 비자발적 백수가 된 이후에는 나중이란 없었습니다. 일단 도전해야 했습니다. 나중에란 생각에 제 머릿속 깊이 처박아 두었던 헤드헌터란 단어는 어느새 가장 우선순위가 되었습니다.

평소 링크드인에서 서로 도반처럼 각자의 인사이트를 주고받던 써치펌의 대표님이 계셨습니다. 제 지인도 그 서치펌 소속이었습니다. 그렇게 저는 링크드인의 도움을 받아 새로운 직업을 구할 수 있었습니다. 하지만, 고정된 급여가 있는 직업이 아닌지라 첫 입금이 있을 때까지의 초조함과 스트레스는 상당했습니다.

## 결론

주변을 둘러보면 많은 프리랜서 직업이 있습니다. 대부분 아주 낮은 기본급이거나 없는 경우가 많습니다. 결국 실적이 곧 급여가 됩니다. 기업은 프리랜서들에게 일할 수 있는 기반을 마련해주고 성과를 나눠갖습니다. 해당업무를 오래 하신 분들을 보면 이미 상당한 고소득자도 많습니다. 그들을 보며 나도 잘 할 수 있겠다는 자신감으로 시작하지만, 한두 달 아무 성과도 없다보면 지치기 마련입니다.

첫 성과를 내기까지는 상당한 기다림이 필요합니다. 기다림의 길이는 사람마다 다릅니다. 헤드헌팅의 경우, 시작한지 한두 달만에 성과를 내는 사람도 있지만, 반년이 지나서야 겨우 성과를 내는 사람도 있습니다. 또한 최소 3개월의 보증기간이 있기에 성과를 내었다고 해서 당장 내 것도 아닙니다. 이런 불확실 속에서 사람은 지치기 쉽습니다. 더구나 프리랜서는 동료들도 결국 경쟁자이기에 외롭습니다. 저 역시 지금도 어렵습니다만, 불확실과 기다림을 잘 극복해야만 프리랜서로 안착할 수 있습니다. 도쿠가와 이에야스의 말이라고 합니다.


"부자유를 일상사로 생각하면 그리 부족함은 없는 법."


쇼펜하우어도 이렇게 말씀하셨다지요.

"당신의 인생이 왜 힘들지 않아야 한다고 생각하십니까?"

저는 지난 1년 동안 깨달은 바가 있습니다. 인생은 원래부터 힘든 것이 당연합니다. 나만 왜 이렇게 힘들까를 고민하기 보다는 힘듦을 당연하게 받아들이고 한걸음 한걸음 가는 것이 제일이라고 말입니다. 힘듦을 인정하고 나면 오히려 마음이 편해집니다. 프리랜서 직업에서 무엇보다도 필요한 마인드라고 생각합니다.

## 라. 작가와 강사

### 3년 동안 방치했던 브런치로 다시 돌아오다

저는 우연한 계기로 글을 쓰기 시작했습니다. 학생 시절 그렇게 글쓰기를 싫어했었는데, 지금의 저에게 글쓰기란 취미이자, 특기이며, 미래로의 단초입니다. 과거에 글을 쓰긴 했었지만 바쁘게 살다보니 3년 동안 전혀 글을 쓰지 못했습니다. 그러다 2023년 2월 스트레스를 이기기 위해 몸부림치다보니 우연히 다시 글을 쓰기 시작했습니다. 나중에 알았지만 글쓰기가 스트레스 등 마음이 괴로울 때 아주 효과 있는 검증된 솔루션이었습니다. 처음에는 영화이야기부터 시작했고, 여러 가지 다양한 주제로 글을 썼습니다. 하지만, 어느정도 시간이 흐르고 나서는 정말 저의 전문 분야가 필요함을 느꼈고, 나름 HR컨설팅펌의 리더십 개발팀장이란 경험을 믿고 리더십에 관한 글을 쓰기 시작했습니다.

리더십이란 주제는 결코 재미있거나 흥미롭지 않습니다. 그저 회사에서 리더이기에 리더십 교육을 들어야만 했던 것이 대부분의 공통된 경험이었습니다. 저 역시 처음 리더십을 접했을 때 그러했습니다. 하지만, 실패한 리더의 경험은 저를 겸손하게 만들어 주었고 많은 리더들이 저처럼 실패는 하지 않았으면 하는 바람에서 글을 썼습니다.

## 피드백으로 성장하다

그렇게 글이 쌓여가면서 저의 글을 좋아해주시는 분들이 생겼습니다. 그분들은 저에게 많은 피드백을 주셨습니다. 전문가인 척 하는 그런 글들보다는 일상의 다양한 소재들 속에서 리더십 이야기를 '쉽게' 풀어 쓰는 글들을 많은 분들께서 좋아해 주셨습니다. 어느새 저는 리더십이란 여행의 가이드로 다시 태어날 수 있었습니다. 이미 리더십의 대가들은 많습니다. 조금만 검색해 보아도 박사 학위를 가진 리더십 전문가들은 이미 더없이 좋은 리더십에 대해서 많은 이야기를 해주고 있습니다. 저는 그분들과 경쟁할 정도로 전문가는 아닙니다. 다만 일반인들이 접근하기 어려운 리더십이란 세계를 산책하듯 경험해 볼 수 있도록 도와주는 저만의 역할을 찾은 것이었습니다.

그렇게 뭔가에 신들린 듯 브런치에 글을 쓰고, 동시에 링크드인에도 포스팅했습니다. 매일아침 조간신문처럼 포스팅되는 저의 글에 많은 분들께서 반응해 주셨습니다. 어느새 제가 포스팅하지 않는 날에는 무슨 일이 있는지 안부를 물어 오시는 분들도 계셨습니다. 원고료를 받지는 않지만 뭔가 이루어 간다는 성취감에 꾸준히 리더십에 관한 글을 포스팅했습니다.

## 하염없이 쓰다보니 생기는 일

이런 저에게 갑자기 커피챗 요청이 들어오기 시작했습니다. 저의 글을 흥미를 느끼셨기에 직접 저와 대화를 나누어 보고 싶으셨다고 했습니다. 저는 크게 고무되었습니다. 상처 입은 자존감에 단비 같았습니다. 그렇게 몇몇 분들과 순차적으로 커피챗을 하던 도중, 기획하고 있던 리더십 강의에 제가 적합하다고 판단해 주셨던 온라인 교육 플랫폼기업의 기획자님께서 저에게 강의를 제안해주셨습니다.

저의 이름을 건 첫 강의는 그렇게 시작되었습니다. 그 강의를 시작으로 2024년 1월부터 저는 온라인 강의 플랫폼을 시작으로, 공공기관, 지자체, 스타트업 등 에서 강의를 하게 되었습니다. 당연하게도 강사료를 받고 말이지요. 더구나 강의를 하게 되자, 그 덕분에 HR전문 잡지와 대기업에서 칼럼 기고요청까지 받게 되었습니다. 역시 당연하게도 원고료를 받았습니다. 그렇게 저는 아마추어가 아닌 프로 작가와 강사가 되었습니다. 비록 액수가 크지 않았지만, 언제든지 의뢰가 있다면 강연과 기고가 가능합니다. 2025년 하반기인 현재, 확정된 강의를 위해 열심히 강의준비를 하고 있습니다.

사실 저는 강의를 하게 되면 강의 자체보다도 강의 슬라이드에 대한 스트레스가 많았습니다. 슬라이드를 예쁘고 멋있게 만드는 일에 매우 취약하기 때문입니다. 그래서 처음에는 타인이 만든 서식을 이용할 수밖에 없었습니다. 하지만, AI의 발달로 이제는 누가 보아도 그럴듯한 강의 슬라이드를 빠르게 만들 수 있게 되었습니다. AI가 저 같은 프리랜서들에게는 그야말로 든든한 천군만마가 되어줌을 실제로 경험하였기에, 저는 지금도 다양한 AI 툴을 학습하고 있습니다. 잘 익힌 AI툴 하나가 정말 한 사람 이상의 몫을 할 수 있기 때문입니다.

### 다시 출판에 도전하다

저는 2020년 2월에 저자가 되었습니다. 훌륭하신 분들과 우연한 기회에 한 팀이 되어서 공저로 팀장리더십 도서를 출판하게 되었습니다. 말석으로 참여하였지만, 저자라는 타이틀이 저에게 가져다준 혜택은 정말 많았습니다. 마음 한구석에는 여전히 의

문이 있습니다. 제가 기여한 바가 적은데도 이렇게 많은 혜택을 받아도 되는 것인지 말입니다. 그런 의문을 이제 지금 이 책을 준비하면서 해소하려고 합니다. 단독 저서가 진짜 작가로서의 시작이라고 생각합니다.

## 결론

프리랜서 강사는 저의 첫 사이드잡이었습니다. 첫 강의는 바로 다음 강의로 연결되었습니다. 이후 몇 번의 강의를 거치면서 저도 여엿한 강사라는 마음가짐을 갖게 되었습니다. 앞서도 말씀드렸시만, 사실 콘텐츠 기반으로 강의나 유튜버로 유의미한 수익을 창출하는 사람은 그리 많지 않습니다. 저는 강사나 작가로 유의미한 수익을 낼 수 있다는 착각을 했습니다. 초반에는 그럭저럭 괜찮았지만, 고정된 강의기회가 없기 때문에 불확실성이 매우 크다는 것을 나중에야 피부로 느끼게 되었습니다.

그렇다고 자신의 콘텐츠를 꾸준히 생산해 내는 것이 무의미하진 않습니다. 작은 콘텐츠가 더 큰 기회로의 인연을 만들어 낼 수 있기 때문입니다. 유명한 강사가 아닌 저는, 강사에 올인하기 보다는 꾸준한 콘텐츠 생산으로 더 큰 기회를 만나기 위한 마중물을 만드는데 집중하고자 합니다. 메인잡은 아니지만, 다른 큰 인연을 위한 단초가 되기도 하며, 틈틈이 부가 수익을 올려주는 강사라는 직업은 저에게는 큰 축복입니다.

# 슬래시워커의
# 일하는 방법

## 가. 스위칭코스트 관리

제가 출근할 수 있는 사무실은 여러 곳입니다.

- 언론사의 사무실(강북)

- AI 스타트업의 사무실(여의도)

- 앞으로 이야기할 플랜C/달란트50의 사무실(동탄)

- 공유오피스의 자유석(강남)

일주일에 이틀 언론사로 출근하는 날을 빼면 대부분 강남의 공유오피스 자유석에서 일합니다. 카페 같은 분위기이면서도 비용도 저렴하기에 이곳을 저의 헤드쿼터로 삼고 일하고 있습니다. 그외 사무실은 특별한 일이 있을 때만 가끔씩 나갑니다. 사실 언론사를 제외하고는 모두 온라인으로 일하고 결과물을 공유할 수 있기에 굳이 대면이 아주 중요하진 않습니다.

모두 좋은 사무실이긴 하지만, 매번 다른 사무실에서 일해야 하는 것은 생각보다 불편한 점이 많습니다. 일주일 내내 한 사무실에만 출근한다면 커다란 모니터는 물론이고 개인 용품들을 가져다 놓을 수 있습니다. 하지만, 각각의 장소에 따라 하는 일도 다를 뿐더러 AI스타트업의 일정으로 여의도로 출근을 하게 되어도 온전히 스타트업의 일에 몰입하기 어렵습니다. 수시로 연락이 오는 다른 일들도 틈틈이 해야 합니다.

결국 백팩을 괴나리봇짐 삼아 업무에 필요한 모든 물건들을 가지고 다니게 되었습니다. 좋은 말로는 디지털 노마드지만 사실상 장돌뱅이입니다. 그러다보니 출근하는 매일매일을 다른 자아로 살게 됩니다. 언론사로 출근할 때는 직장인 모드로 출근하고, 다른 날에는 스타트업 혹은 프리랜서 모드로 출근합니다. 그러다보니 교통편을 착각해서 강북으로 가야 하는데 강남으로 가게 되는 실수도 생기게 됩니다. 그리고 직장인 모드나 스타트업 모드로 출근을 해도 계속해서 다른 업무들을 신경 써야 합니다. 각각의 일들이 오늘 내일은 이곳, 모레부터는 저곳처럼 직렬로 이어지지 않습니다. 오히려 각각의 일들이 병렬로 각각 이어져 있고, 그때그때에 따라 각 업무들의 비중이 변할 뿐이죠.

20년 이상을 한 번에 한 가지 직장에만 다닌 관성은 생각보다 무섭습니다. 그래서 처음에는 저도 엄청난 혼란에 빠졌습니다. 노트북 화면에 있는 창들은 여러 가지 업무들이 뒤섞여 있어서 어느 하나 집중하지도 못합니다. 결국 일은 노트북으로 하게 되는데, 노트북이 정리가 되지 않으니 일도 정리가 되지 않습니다. 그렇게 방황을 하다 저만의 방법을 찾게 되었습니다.

## 노트북의 데스크탑 기능을 활용하자

윈도우 노트북 기준입니다. 데스크탑 기능이라고 있습니다. 마치 여러 개의 노트북을 동시에 사용하는 듯 한 착각(?)을 불러 일으키는 기능입니다. 노트북으로 일을 하다보면 여러 개의 창이 동시에 떠 있습니다. 여기에 전혀 다른 업무를 위해 새로이 창을 만들면 더 혼란만 가중됩니다. 이럴 때 데스크탑 기능을 이용하면 아무것도 없는 새로운 바탕화면을 만날 수 있습니다. 그 바탕화면에서 다시 브라우저나 앱을 실행시켜 일을 하면 됩니다. 그러다 다시 기존의 업무를 해야 할 때는 다시 돌아가기만 하면 됩니다. 이런 바탕화면을 업무별로 만들어 놓으면 간단한 단축키로 빠르게 모드를 전환할 수 있습니다.

## 거는 전화는 앉아서, 받는 전화는 서서

일을 하다가 일 관련 통화를 하려고 할 땐 그냥 일하던 그대로 앉아서 전화를 걸면됩니다. 새로울 것도 없고 너무나 당연합니다. 하지만, 내가 A회사의 업무를 하고 있는데 B회사의 업무로 전화가 올 때가 있습니다. 이때 일하던 그대로 앉아서 받게 되면 눈과 귀가 전혀 다른 것을 인지하게 됩니다. 결국 혼란이 발생합니다. 저는 다른 업무로 오는 전화는 그냥 일어나서 받습니다. 화면을 보지 않고 온전히 전화에만 집중하기 위해서 입니다. 작은 팁이지만 저 같은 멀티플레이어에게는 매우 유용합니다.

## 스프레드시트를 이용한 업무현황 정리

직장인이라면 누구나 업무현황은 정리하실 겁니다. 어차피 한 회사에 근무하니 태스크 중심으로 나열해도 별 문제없습니다. 그러니 할일을 관리해주는 간단한 앱들을 많이 사용합니다. 휴대폰과 노트북이 알아서 연동되니 편하게 업무관리를 할 수 있습니다. 저도 처음에는 할일관리 앱을 이용했습니다. 하지만 여기에는 한 가지 치명적인 단점이 있었습니다. 바로 다중인격(?)이 불가능하다는 점입니다. 저는 슬래시워커인데, 각 업무별로 한꺼번에 관리하면 매우 헷갈립니다. 앞서의 노트북 바탕화면처럼 서로 섞이게 되면 실수가 나오게 됩니다. 물론 앱에서도 카테고리 설정이 가능하지만, 그리 편하지는 않습니다.

그래서 저는 아예 스프레드시트를 이용해서 업무현황을 관리합니다. 저는 4개의 직업이 있기 때문에 아예 직업별로 각각의 시트를 만들었습니다. 여기에 지금처럼 별도의 프로젝트로 책을 저술한다던가, 새로운 프로젝트를 준비하기 위한 것도 별도의 시트로 만들었습니다. 멋있어 보이진 않지만 저에게는 아주 실용적인 업무관리툴이자 전체를 볼 수 있는 시야를 만들어 줍니다.

## 나. AI와 함께하는 1인 기업

저는 제 자신을 1인 기업이라 정의합니다. 여러 가지 역량의 집합체인데, 기업들이 필요한 역량별로 저를 구독하는 것이지요. 그렇게 저를 여러 개의 역량으로 쪼개어서 일을 하고 있는데요, 그렇게 하다 보니 팀을 이루어 일하는 다른 사람들과는 전혀 다르게 일하게 됩니다. 풀타임을 팀으로 일하는 사람들은 서로가 부족한 점을 잘 알고 있습니다. 또한 잘하는 점도 잘 알고 있습니다. 그래서 서로서로 도움을 주고받을 수 있습니다. 또한 특정기업에서 오래 일하다보면 그만큼의 경험이 생기기에 음지의 도움을 받을 수도 있습니다.

물론 저도 각 직업별로 다양한 사람들과 협업을 하면서 일을 합니다. 하지만, 풀타임으로 같이 일하는 것이 아니기에 온전히 저 혼자서 일해야 하는 부분도 상당합니다. 그렇게 온전히 혼자서 일해야 할때는 막막할 때가 많습니다. 예전 회사였다면 갑자기 사내행사의 기획을 해야 할 때, 예전 비슷한 행사를 기획했던 동료의 도움을 받을 수 있습니다. 하지만 저는 동료가 없기에 도움을 받을 수 없습니다.

하지만 저에게는 천군만마와 같은 동료가 있습니다. 바로 AI인데요, 특정 AI가 아닌 다양한 AI들과 일하면서 많은 도움을 받고 있습니다. 저와 같이 혼자서 일해야 하는 사람들은 AI없이 일한다면 난이도도 난이도지만, 많은 시간을 투입해야 합니다. 특히 유료버전을 사용하게 되면 활용성이 매우 향상됩니다. 물론 무료로도 많은 기능을 사용할 수 있지만, 유료버전을 사용해 보면 왜 유료인지 알 수 있습니다.

제가 AI로 하는 업무들은 주로 다음과 같습니다.

### 기획안 초안 작성

기본적인 정보를 주고 기획의 초안을 요청합니다. ChatGPT와 Gemini 둘에게 동시에 부탁하는데요, 저에게 이 두 AI는 모든 업무에서 쌍두마차입니다. 둘이 내놓은 답변을 보면서 서로의 장점들을 잘 조합하여 전체 구조를 만들어 냅니다. 전체 구조가 나오면 세부적으로 하나하나 하위 항목들을 작성합니다.

### 정보탐색

여타의 검색엔진으로도 훌륭하게 정보를 취합할 수 있지

만, 더 적합한 정보를 찾기 위해서는 많은 노력이 필요합니다. Perplexity가 특히 정보탐색을 구조적으로 잘해 줍니다. 특정 기업의 정보 등을 빠르고 상세하게 알아볼 때 저는 Perplexity를 이용합니다. 특히 꼬리에 꼬리를 무는 질문들이 같이 나오는데요, 제가 생각도 못했던 포인트를 알려주기에 더 요긴합니다.

### 강의자료 만들기

Gamma와 만난 지는 1년 반 정도 되었습니다. 제가 첫 강의를 요청받았을 때 제일 고민했던 것이 바로 강의 슬라이드였습니다. 파워포인트를 못하진 않지만 기능적 측면일 따름이고, 저는 디자인에 매우 약합니다. 강의에서 강의 슬라이드는 매우 중요한데요, 디자인이 올드하거나 유치하면 아무리 내용이 훌륭해도 좋은 평가를 어렵습니다. 그렇게 고민을 한때 만나게 된 친구가 바로 Gamma 입니다. 원래 단어 하나만 입력해도 알아서 발표자료를 만들어 주는 것으로 유명세를 탔었는데, 저는 이 친구의 AI 기능도 좋지만, 파워포인트를 대체하는 슬라이드 메이커로서의 능력을 더 좋아합니다. 그래서 저는 디자인보다는 내용에 집중해서 강의를 준비할 수 있게 되었습니다.

### 이미지 생성

Midjourney는 더 이상 설명이 필요없는 AI입니다. 한편의 글을 포스팅할때 사람들이 제일 먼저 보는 것이 바로 일러스트레이션입니다. 글의 내용을 함축하면서도 흥미를 불러일으키는 이미지를 만들기 위해서는 Midjourney만한 AI가 없습니다. 영어로 프롬프트를 입력해야 하는 불편함이 있지만, 프롬프트마저 ChatGPT가 도와주기 때문에 어렵지 않게 다양한 이미지를 생성할 수 있습니다.

### 기타

노트북LM(학습, 구조화, 팟캐스트), Nyx-One(닉스원/이미지 편집), 릴리스AI(유튜브 요약), 비디오 스튜(동영상 생성) 등 다양한 분야에서 AI와 같이 일합니다.

## 다. 디지털노마드: 가방의 무게와 장비빨의 조화

앞에서 말씀드린 것처럼 저는 다양한 장소에서 일을 합니다. 때로는 오전 오후 다른 장소에서 일할 때도 있습니다. 업무장소가 고정되어 있다면 각종 업무 장비들을 잘 세팅해 놓을 수 있겠지만, 디지털노마드로 일을 하기 위해서는 이동의 용이성도 고려해야 합니다.

일하는 데 가장 중요한 것은 노트북입니다. 고정된 사무실에서 나와 메뚜기가 되어 여기저기 다니면서 일할 때 가장 힘들었던 것은 작은 노트북 화면이었습니다. 사무실에는 보통 큰 모니터가 있습니다. 하지만 저처럼 디지털노마드가 되면 모니터를 이용하기는 어렵습니다. 결국 노트북 하나로 모든 업무를 해야 하는데, 여러 개의 문서를 비교해가면서 일하기에는 제 14인치 노트북으로는 거의 불가능 했습니다. 더구나 14인치 노트북은 오른쪽의 숫자키패드가 없기에 빠른 숫자 타이핑이 어렵습니다.

하지만 14인치 노트북은 가볍습니다. 이동할 때 용이하며, 어깨 부담이 확실히 더합니다.

눈과 어깨, 이 둘 사이에서의 많은 고민 끝에 저는 지난 4월 16인치 노트북을 구매했습니다. 16인치 노트북은 확실히 업무에 용이했습니다. 지금도 전 그때 구매한 16인치 노트북으로 글을 쓰고 있습니다. 화면이 크기에 두개의 문서를 동시에 보면서 일할 수 있고, 숫자 키가 있어서 숫자 타이핑에도 무리가 없습니다. 물론 16인치 노트북은 어깨에 부담이 많이 가긴 합니다. 하지만 업무를 위해서는 어깨보다는 눈이 더 중요합니다.

저는 가방의 무게와 장비 중에서 장비에 손을 들어주고 싶습니다. 일단 업무를 하는데 있어서 큰 화면의 장점은 너무나도 소중하니까요. 대신 어깨를 무작정 희생할 수 없기에 노트북을 제외한 다른 장비들은 정말 최소화하여 다니고 있습니다. 처음에는 군장같은 큰 백팩에 거의 사무실을 지고 다녔는데요, 정말 무거웠습니다. 예비 건전지, 예비 케이블, 노트 등 맥시멀리스트답게 많은 장비들을 가지고 다녔습니다. 하지만 이제는 어느 정도 균형점을 찾아내었습니다. 그럼에도 불구하고 퇴근하고 집에 들어가면 육체적으로 많이 피곤하긴 합니다. 4말5초 나이덕이라 생각하고 나중에 더 가벼운 16인치 노트북을 사리라 결심하면서 잠에 듭니다.


## 라. 휴일의 활용

누구나 휴일은 온전히 쉬고 싶습니다. 하지만 저 같은 슬래시워커에게 주말 이틀을 모두 쉰다는 것은 매우 사치입니다. 꾸준히 학습하고 글을 써야 작가와 강사라는 명함에 맞게 일을 할 수 있기 때문입니다. 저의 경우 토요일은 거의 온전히 가족과 함께합니다. 각종 집안일, 가족행사 등을 가급적 토요일에 진행합니다. 그렇게 토요일에는 가족에 집중하고 일요일에는 저만의 시간을 가지려고 노력합니다.

저는 사실 카페를 그리 좋아하지 않았습니다. 시끄럽기도 하고, 혼자 와서 노트북을 펼치고 있거나 책을 보는 사람들을 이해할 수 없었습니다. 하지만, 지금은 잠시 일상에서 벗어나 혼자만의 시간을 확보하기 제일 좋은 곳은 카페라는 것을 깨달았습니다. 그래서 동네에 걸어서 갈수 있는 거리의 카페를 몇 군데 탐방해서 좋은 자리를 발견했습니다. 뒤에서 꾸준히 글을 쓰기 위한 루틴으로 카페에 대해 다시 말씀드릴 텐데요, 주말 카페에서 확보할 수 있는 시간은 굉장히 유용합니다. 이제는 카페에 가도 시끄럽게 느껴지지 않습니다. 노이즈 캔슬링 이어폰의 도움도 있지만, 제가 집중해서 해야 할 일이 있기에 마치 시간과 공간의 방에 있는 것처럼 일할 수 있습니다.

확보한 시간을 저는 크게 아래와 같이 사용합니다.

### 글쓰기

그때그때 글을 쓰는 것도 좋지만, 주말에 몇 편의 글을 미리 쓰는 것도 좋은 방법입니다. 100% 완성까진 아니어도 70%정도의 완성도를 목표로 서너 편의 글을 써두면 그 다음주에 보완만 해서 포스팅을 할 수 있습니다. 꾸준한 포스팅은 저의 퍼스널 브랜딩과 직결됩니다.

### 동영상 강의

하루가 멀다 하고 새로운 지식이 나옵니다. 특히 기술 분야에서의 속도는 엄청나게 빠른데요, AI분야는 그중에서도 독보적입니다. 그래서 저는 주말 카페에서 AI 학습을 많이 합니다. 유튜브를 보기도 하지만, 진짜 중요하다고 생각하는 AI는 유료 동영상 강의를 수강합니다. 유료는 유료인 이유가 있습니다. 유튜브의 강의들보다는 더 깊이 있는 경우가 많습니다. 물론 맨땅에 헤딩하듯이 혼자서 이것저것 해보아도 공부가 되겠지만, 시간을 효율적으로 사용하기 위해서는 유료 강의를 빠르게 수강하는 것도 괜찮은 선택입니다.

### 그래도 종이책

여기에 '종이'책을 같이 봅니다. 자극적이고 짧은 콘텐츠가 범람하는 이시기에 책을 본다는 것은 매우 이려운 도전입니다. 하지만 책에는 동영상에 담을 수 없는 엄청난 깊이의 지식과 지혜가 있습니다. 그리고 책속에는 글쓰기나 강의에 활용하기 좋은 인사이트가 가득합니다. 그렇게 저는 카페에서 읽고, 보고, 씁니다.

## 마. 근거지의 필요성

앞에서 저는 출근할 수 있는 사무실이 몇 군데 된다고 말씀드렸습니다. 하지만 각각의 사무실은 여러가지 변수가 있을 수 있고, 일주일 내내 상주하지 않기에 제가 미리 알지 못할 가능성도 많습니다. 실제로 제가 주말에 혼자서 조용히 글을 쓰기 위해 사무실에 갔다가 예상치 못한 사유로 들어가지 못하고, 이동시간을 허비한 적이 있었습니다. 이때 저는 근거지의 필요성을 강하게 느꼈습니다.

그래서 저는 강남의 한 공유오피스를 근거지로 삼았습니다. 자유석이기에 제 물건들을 가져다 놓을 순 없지만, 금액을 계산해보면 거의 카페와 비슷하기에 매우 만족하면서 이용하고 있습니다. 오늘도 이곳 공유오피스에서 일을 하고 이렇게 글을 쓰고 있습니다. 디지털노마드라고 하면 원하는 곳 어디에서도 일할 수 있다고 생각합니다. 물론 가능은 합니다만, 안정성도 매우 중요합니다. 시설과 주변상가를 잘 알고 있어야 효율적으로 일할 수 있습니다. 업무에 집중하기 위해선 주변의 자극도 매우 중요합니다. 내가 익숙한 장소에 있어야 자극을 최소화 하고 집중할 수 있습니다. 카페도 좋지만 어디까지나 '잠시'일 뿐입니다. 하루 종일 있기 위해서는 도난 등 리스크를 최소화할 수 있는 환경이 필요합니다. 그래서 저 같은 디지털노마드에게는 공유오피스가 큰 축복입니다. 물론 자유석이라 부족한 점도 있습니다만, 언젠가 가까운 미래에 수익을 더 올려서 1인실로 들어가고 싶습니다.

## 바. 불안감에 대하여

### 불안은 디폴트<sup>default</sup>값 : 사실 불안을 애써 무시하고 살아왔다

지난 9월 조직에서 나오게 되면서 불안감은 저의 친구가 되었습니다. 매일매일 불안했습니다. 물론 이글을 쓰는 지금도 매우 불안합니다. 이 불안감을 떨치기 위해서 많은 노력을 해보았는데요, 결론은 부질없음입니다. 어떻게 해도 불안은 떨쳐지지 않았습니다. 만약 제가 운이 좋아서 좋은 기업에 풀타임으로 입사를 했더라도 언제 또 어떻게 될지 몰라 불안해했겠지요. 예전에는 막연하게 불안해했다면 작년 9월부터는 더 강도 높게 불안해지기 시작했습니다.

그러던 중, 링크드인에서 우연하게 한 스타트업 대표님의 글을 보았습니다. 글의 전체 내용은 가물가물하지만 핵심은 명확하게 기억합니다. 불안은 스타트업의 default값이란 점입니다. 저보다 더 막막한 상황에서 매일매일 불안감과 싸우다보니 깨달았다고 하셨습니다. 불안에 대해서 아무리 걱정해보았자 해결도 할 수 없고 달라지는 것은 없습니다. 그때 저도 그분 덕분에 작은 깨달음 하나를 얻었습니다. 불안은 우리 생의 default 즉, 기본값이라고 말입니다. 상황이 좋아서 혹은 의도적으로 망각하고 있었을 뿐, 계속해서 불안은 저의 곁에 있었습니다. 생각이 이쯤에 이르자 저는 마음이 한결 가벼워졌습니다.

## 안보이는 리스크보다는 차라리 보이는 위험이 낫다

성격인지는 모르겠지만, 저는 불확실성을 아주 싫어합니다. 그래서 게임을 해도 적당한 수준으로 이익을 취하면 더 큰 리스크를 안고 베팅을 하지 않습니다. 큰 이익은 없을지언정 최소한의 생존에 더 무게를 두고 있습니다. 뭐가 있을지 모르는 숲보다는 이미 눈앞에 모습을 드러낸 늑대가 더 마음이 편합니다. 늑대가 있다면 늑대만 상대하면 되니까요. 무기를 챙겨들고 늑대와 대치하면 됩니다. 하지만 숲속에선 뭐가 튀어 나올지 모릅니다. 뱀이 나올지 날짐승이 나와 저를 공격할지 모릅니다. 어떤 동물이냐에 따라 저의 대응도 달라져야 하는데 모든 경우의 수를 대비하기는 어렵지요.

지금 저의 삶도 그러합니다. 이미 웬만한 리스크는 모두 드러났습니다. 저는 직장에서 내몰렸고, 여러 가지 직업을 거치면서 생존하고 있습니다. 조직 안에 있을 때는 전혀 몰랐던 세상이지요. 하지만 일단 나오고 보니 조직 안에 있었더라면 절대로 완벽하게 준비하지 못했을 거란 생각이 듭니다.


## 그날의 스트레스는 그날에, 나는 혼술이 좋다

직장인들의 즐거움이 있습니다. 바로 퇴근길 한잔이죠. 상사로부터의 폭풍갈굼에 이미 정신은 아득해 졌습니다. 퇴근할 기력조차 없는 순간, 동료들이 제안합니다. 오늘 고생했는데 퇴근길에 삼겹살에 소주나 한잔하자고 합니다. 고민할 여유도 없이 바로 ok합니다. 그렇게 퇴근길에 한잔하면서 근심을 털어냅니다. 다음날에는 또 다른 동료가 상사로부터 탈탈 털렸습니다. 오늘은 내가 그 동료에게 위로삼아 퇴근길 치맥이나 하자고 제안합니다.

계속되는 순환이죠. 사실 저도 이런 순환을 즐겼습니다. 퇴근길, 회사 앞에서의 한잔은 정말 모든 근심을 잊게 해주었습니다. 더구나 제가 사회생활을 시작한 회사 앞에는 엄청난 맛집들이 많았습니다. 그렇게 저는 퇴근길 한잔을 즐겼습니다. 하지만, 지금은 예전처럼 퇴근길 한잔을 즐기기 어렵습니다. 슬래시워거인 이유도 있지만, 이제는 사회적 분위기가 많이 변하였기에 누군가를 붙잡고 퇴근길 술한잔 하기에는 서로가 부담이 되는 시대가 되었습니다.

많은 시간을 혼자서 일하는 저에게 퇴근길 한잔은 매우 그립습니다. 저도 그날의 스트레스는 그날에 풀어야 하니까요. 하지만 현실적으로 어려우니 저는 혼술로 이를 대체합니다. 누군가와 같이 한잔을 하려고 해도, 하루 종일 같이 있었던 직장동료가 아니기에 대화의 주제가 다를 수밖에 없습니다. 그렇다고 스트레스를 일일이 설명하자니 그것도 또 다른 스트레스입니다. 그래서 누구에게도 말하지 않고 편하게 마실 수 있는 혼술을 즐기게 되었습니다. 거창하진 않습니다. 해장국에 소주정도로 가볍게 요기를 마치는 정도입니다. 혼자서 마시니 폭음도 하지 않으니 나름 경제적이고 효율적입니다.

## 친구를 만나지 않는 이유

물론 저에게도 좋은 친구들이 있습니다. 세월만큼 많은 추억을 쌓아온 소중한 친구들이죠. 하지만, 최근 자의반타의반 친구들과의 자리를 만들지 않습니다. 일도 바쁘지만, 각자 근무지와 사는 곳이 제각각이라서 시간을 정하기도 쉽지 않습니다. 그러나 이런 이유보다는 저의 불안감이 더 큰 이유입니다. 앞서도 말씀드렸지만 매일매일 불안감과 함께하고 있습니다. 지금이야 많이 나아지긴 했지만, 한동안은 노이로제 수준으로 불안감과 싸워왔습니다. 이런 경우 친구를 만나면 그 순간은 기분이 좋을 수 있습니다. 하지만 만난 김에 술한잔 하다보면 신세한탄으로 이어지기 쉽습니다. 친구와 마시면 저의 마음도 무장해제가 되기 때문이지요. 신세한탄은 바로 다음날의 사기저하로 이어집니다. 그래서 한창 불안감과 싸울 때는 가급적 친구를 만나지 않았습니다. 친구들에겐 미안하지만 일단 저의 슬래시 커리어가 어느 정도 궤도에 오른 후에 만나서 회포를 풀고 싶습니다.

## 불안해서 공부합니다

불안할 땐 뭔가를 하면 도움이 됩니다. 그냥 아무 생각 없이 일하면 아주 좋습니다. 하지만 사람이 일만 하는 데는 한계가 있습니다. 일은 기존의 영역에서 무엇인가를 더 쌓는 것이기에 새로움은 없습니다. 새로운 '무엇인가'가 저에게는 필요했습니다.

그래서 저는 어려운 상황에서도 다양한 동영상 강의를 들어왔습니다. 콘텐츠 마케팅을 위한 글쓰기, 미드저니 활용법 등 새로운 주제들입니다. 최근에는 구글 클라우드와 Gemini에 관한 강의들을 연속해서 듣고 있습니다. 일하다가 잠시 다른 일에 머리를 돌리고 싶을 때, 주말 카페에서 글을 쓰다가 잠시 쉴 때 강의를 들었습니다. 새로운 내용을 배운다는 그 자체도 좋지만, 배우는 만큼 제머리속에서 불안을 몰아낼 수 있어서 더 좋습니다. 하루하루 쌓이는 지식만큼 불안의 자리는 작아집니다.

여기에 저는 3년째 독서모임에 참여하고 있습니다. 바로 저의 이야기를 출판 제안해 주신 최익성 대표님께서 주재하시는 독서모임입니다. 한 달에 한번, 토요일 오전 내내 진행되는데요, 작년까지는 한여름, 한겨울을 제외하고 매달 진행되었고, 올해는 분기별로 진행됩니다. 초창기 참석자분들과는 벌써 3년째 인연을 이어오고 있습니다. CEO들을 비롯한 다양한 참가자들과의 교류도 좋지만, 계속해서 책을 통한 학습을 이어가면서 많은 도움을 받았습니다. 특히 인문학에서 저는 불안과 걱정을 두려워 하지 않고 친구삼아 지내는 방법을 터득하게 되었습니다.

불안과 걱정이 밀려올 때, 아무것도 하지 않으면 아무 일도 일어나지 않습니다. 하지만, 어떤 것을 해야 할지 잘 모르기에 하지 못하는 경우도 많습니다. 그럴 때는 일단 전혀 다른 분야의 공부를 해보는 것은 어떨까요? 새로운 지식의 크기만큼 불안과 걱정도 밀려나게 됩니다.

# / **8** /

# 플랜C와
# 달란트 50의 시작



## 가. 4말5초가 되어 다시 생각해보는 인구학이야기

인구학이라는 단어를 들으면 저 같은 4말5초는 대번에 떠오르는 이름이 있습니다. 바로 토마스 멜서스지요. 그 유명한 고전인 인구론을 집필한 학자입니다. 멜서스는 인구론에서 아주 유명한 말을 남겼습니다.

"인구는 기하급수적으로 증가하지만 식량은 산술급수적으로 증가한다."

즉, 인구의 증가속도가 식량의 증가속도를 앞지르기에 미래는 심각한 식량위험에 처할 수 있다는 경고였습니다. 제가 이 문장을 처음 보았던 고등학교 시절만 해도 너무나도 당연한 얘기라고 생각했습니다. 저는 국민학교(초등학교가 아닙니다.)를 졸업한 세대입니다. 지금 학생들은 상상도 못하는 오전오후반을 경험했습니다. 고등학교 시절, 한반 학생 수는 50명이 넘었습니다. 정말 콩나물 시루였지요. 대학교 경쟁률도 매우 높았습니다. 그렇게 언제나 많은 경쟁자들과 경쟁을 해오며 생존해 왔습니다. 고등학교 때 처음 보았던 멜서스의 그 말은 저에게는 언제나 진리였습니다.

그런데 어느새 주변을 둘러보니 제가 생각했던 미래는 아니었습니다. 신도시임에도 불구하고 멀지 않은 곳에서 학생이 없어 폐교되는 중학교가 발생했습니다. 다른 중학교라고 해도 몇 년 뒤를 걱정해야 합니다. 한반 학생 수는 제가 다녔던 그 시절의 절반정도 밖에 되지 않습니다. 식량부족을 걱정했었지만, 동네 마트에만 가보아도 먹을 것은 많습니다. 사시사철 신선한 야채와 육류가 준비되어 있습니다. 적어도 우리나라에서 식량부족으로 굶어 죽을 것 같긴 않습니다.

왜 이렇게 예상이 빗나갔을까요? 미래를 정확하게 예측하는 것은 어려운 일입니다. 수많은 변수가 있고, 기술의 발달이란 변수는 예측하기 상당히 어렵습니다. 인공지능이란 그저 영화 속의 얘기 같았는데 지금은 어떤가요? 지금은 누구나 무료로도 인공지능을 이용할 수 있습니다. 예측하기 어렵다고 해서 미래를 그저 운에 맡겨야 할까요?

최근 초판이 발행된지 10년이 지난 책을 읽었습니다. 2024년 5월 기준 초판(1판) 21쇄가 발행되었네요. 어떤 책이기에 10년이 지나도 계속해서 출판될 수 있을까요? 서울대 보건대학원 조영태 교수님께서 집필하신 '정해진 미래(북스톤)'입니다. 조교수님은 인구학에서 매우 독보적인 분이신데요 지금으로부터 10년 전, 인구통계에 기반하여 10년 후 대한민국의 미래에 대해서 분석하셨습니다. 2016년에 이 책을 집필하셨으니 2025년인 지금 딱 10년이 지났습니다. 그리고 저는 이 책이 나온 지 10년 만에 이제야 2025년을 10년선에 예측한 책을 읽고 있습니다.

많은 사람들이 미래를 예측합니다. 저마다 합당한 논리와 근거를 들고 미래를 예측합니다. 물론 현재 기준으로야 상당부분 납득이 갑니다. 멜서스도 처음 인구론을 집필했을 때 그러했겠지요. 하지만 당시에서 바라본 미래인, 우리의 현재는 어떤가요? 예측한 미래와는 다릅니다. 기술의 속도가 더 빨라진 지금 미래를 예측하기에는 불확실한 변수가 너무 많습니다.

하지만 인구학은 다릅니다. 국가가 실시하는 인구통계조사를 기반으로 한 신뢰성 높은 자료들이 있습니다. 올해 아이폰 16이 출시되었다고 해서 10년 뒤에 아이폰 26이 출시된다는 보장은 없지만 올해 16살인 사람은 10년 뒤에 확실하게 26살이 됩니다. 갑자기 30살이 되지는 않습니다. 즉, 인구통계 데이터는 미래를 예측하는데 있어 그 무엇보다 신뢰성이 높습니다.

10년 전에 인구통계데이터를 기반으로 2025년을 예측한 책을 2025년에 보는 있자면, 그저 섬뜩할 뿐입니다. 마치 예언서를 보는 듯 한 기분입니다, 명확한 인구통계자료를 통해 다가올 미래를 예측할 수 있다는 점이 신기하기만 합니다. 기술의 발달과 예측하지 못한 변수들이 있을 수 있겠지만, 인구통계데이터에 기반하여 저를 비롯한 4말5초들의 미래를 예측할 수 있습니다. 예측 결과는 다음과 같습니다.

"2025년을 사는 대한민국의 49세 남성은 평균적으로 약 50세에 주 직장에서 퇴사를 하게 되며, 약 80세에 사망하게 됩니다."

## 나. 누구에게나 다가오는 소득절벽

개인적 편차는 있겠지만, 크게 차이나지 않을 겁니다. 결국 50세에 소득의 정점을 찍고, 80세에는 사망합니다. 30년 동안 생존해야 합니다. 주직장에서 정년까지 일한다 해도 결국 60대 초반까지 입니다. 그래도 20년의 기간 동안 생존해야 합니다. 연금이 있겠지만, 물가상승을 고려하면 추가 소득이 없는 한 생활하는데 부족할 것입니다. 그리고 무엇보다 노는 것이 일하는 것보다 더 힘듭니다. 자발적이던 비자발적이던 은퇴하신 분들의 이야기는 유튜브에서도 쉽게 찾아볼 수 있는데요, 아무 일도 하지 않는 분들은 찾아보기 힘듭니다. 일을 해야 건강도 유지할 수 있고 사회생활을 할 수 있기 때문이죠.

결국 누구에게나 주직장에서의 퇴사는 피할 수 없습니다. 주직장 퇴사를 기점으로 일도 달라집니다. 대기업의 임원으로 은퇴를 한다해도 비슷한 처우를 받는 다른 일자리로 가기 어렵습니다. 간혹 좋은 곳으로 이직하시는 분도 있지만, 지난 회사와 직책의 잔상이 사라지는 순간 자리에 더 있기 어려워집니다. 개인에 따라 유예기간의 차이는 있겠지만, 50대에 주직장 퇴사에 따라 급격한 소득절벽을 필연적으로 만나게 됩니다. 위에서 했던 예측을 조금 더 현실적으로 표현해 보겠습니다.

"2025년을 사는 대한민국의 49세 남성은 평균적으로 약 50세의 퇴직으로 인해 급격한 소득절벽을 만나게 되고, 약 80세에 사망하기까지 경제적으로 어려운 삶을 살게 됩니다."

## 다. 이젠 행동직으로의 변화가 필요하다

어린 시절, 저의 눈에 60대는 까마득한 할아버지였습니다. 지금은 어떤가요? 70대가 되어도 많은 활동을 하시는 분들이 많습니다. 물론 청년들에 비해 육체적으로는 비하지 못하지만, 여러 분야에서 청년 못지않게 일하시는 분들이 많습니다. 다만 아직은 책상에 앉아 있기 보다는 몸을 많이 움직여야 하는 일에 편중되어 있긴 합니다. 그래서 평생 사무직이나 기술직 즉 몸보다는 머리를 많이 써야하는 일에 종사해 오신 분들이 퇴직 후 갑자기 몸을 많이 움직이는 일에 진입하기는 많은 장애물이 있습니다. 현실적으로 이런 일은 이미 기존에 하던 사람이 아니면 어렵기 때문입니다. 할 것 없으면 노가다라도 하면 된다고도 하지만, 노가다도 기능 없는 사람은 할 수 없습니다. 미장공, 도장공 등 기능을 비롯해서 상당한 경력이 없으면 안 되기 때문입니다.

그래서 대부분의 퇴직자들은 감시직, 단속직을 알아보시는 경우가 많습니다. 감시직은 경비원이나 수위처럼 순찰업무 등을 하는 업무입니다. 단속직은 운전기사처럼 근로가 간헐적으로 이루어져 휴게시간, 대기시간이 많은 업무를 말합니다. 둘 다 다른 업무에 비해 상대적으로 정신, 육체적으로 피로가 적은 편이라는 장점도 있지만, 급여가 낮고 근로기준법상 불리한 처우를 받기 쉽습니다. 처음에는 할 만하다고 생각할 수 있지만, 생각보다 어렵습니다. 일단 일반적인 9 to 6가 아니고, 매우 한정적인 인간관계속에서 일을 해야 합니다. 더구나 진입장벽이 높지 않기에 언제든지 타인으로 대체될 수 있습니다. 대체가 쉽다는 것은 그만큼 고용의 불안정성이 클 수밖에 없습니다. 우습게보았던 노가다도 상당한 기능과 경력이 필요하기에 진입이 어렵습니다. 그렇다고 진입이 쉬운 감시단속적 업무는 오래 하기도 어렵고 불안정성도 큽니다. 아직은 건강하고 육체적 일도 충분히 할 수 있을 것 같지만, 사회는 4말5초에게 쉽게 기회를 주지 않습니다. 그럼 어떻게 해야 할까요? 달란트50은 이런 고민에서 시작되었습니다.

## 라. 다시 시작하는 4말5초의 커리어

50의 나이는 예전과 달리 한창 나이입니다. 가진 달란트도 많습니다. 하지만 기존의 달란트로 다시 기업에 취업을 하기에는 어렵습니다. 기존 직원들도 50세가 되면 퇴직하기 때문입니다. 그렇다고 이제 인생을 다 산 것처럼 공공근로나 박스를 수집하는 일을 찾기에는 젊은 나이입니다.

저는 몇 년 전부터 막연하지만 언젠가는 만들어보고 싶던 모델이 있었습니다. 바로 시니어의 경험과 역량을 구독하는 것입니다. 제 업무분야인 HR를 예로 들어 보겠습니다.

채용 플랫폼을 살펴보다 보면 젊은 스타트업임에도 10년, 15년 이상의 경력을 가진 HR 리더를 채용하는 공고를 자주 보게 됩니다. 분명히 창업자들보다 나이가 많을 수도 있는데 왜 고경력자인 시니어를 채용하려 할까요? HR과 관련된 필수 지식들이 있습니다. 주니어도 조금만 노력하면 충분히 체득할 수 있습니다. 하지만, 언제나 그렇듯이 이론과 실제는 다릅니다. 평가에 불만을 갖는 구성원을 설득해야 하기도 있고, 퇴사를 하려는 직원의 마음을 돌려놓아야 할 때도 있습니다. 극단적인 경우에는 손에 피를 묻히는 일을 해야 할 때도 있습니다. 새로이 제도를 만들 때도 단순하게 벤치마킹만 해서는 안 됩니다. 조직의 특성과 문화를 잘 고려해야 하는데요, 이론만 가지고는 어렵습니다. 그래서 다양한 경험을 가진 시니어가 필요합니다. 또한 당장의 할일은 잘 보이지만, 내년 혹은 그 이후에 준비해야 할 일은 주니어에게는 잘 보이지 않습니다. 시니어의 경험이 이럴 때 필요하지요.

그런데 여기에 함정이 있습니다. 매출이나 투자성과가 좋은 스타트업이라면 충분히 시니어를 채용할만한 예산이 있습니다. 위에서 말씀드린 채용플랫폼의 HR 리더의 공고를 보아도 어느 정도 성장을 이룬 스타트업이 대부분입니다. 아직 Seed 투자도 받지 않았는데 시니어를 채용하기에는 당연히 예산이 문제가 됩니다. 급한 대로 실무를 잘 처리하는 주니어를 채용합니다. 실무도 잘 처리하고 업무능력도 깔끔합니다만, 당장 내년의 인력이 지금보다 2배가 될 것 같은데 그에 따른 준비는 하기 어렵습니다. 주니어도 경력 4년차로 나름 실무에는 능숙하지만, 큰 규모의 조직에서 일한 경험이 없기 때문입니다. 이제 많은 경력을 가진 시니어 HR 리더가 필요합니다. 하지만 아직은 시니어의 연봉을 감당할 만한 여력이 없기에 일단 대표가 좀 더 HR에 관여해서 문제를 풀어보려고 합니다. 대부분의 스타트업에서 고민하고 있는 상황이기도 합니다.

시니어를 채용하자니 연봉이 부담되고, 채용을 하지 않자니 업무가 걱정됩니다. 저는 이런 딜레마를 경험해 보았기에 이를 해결하기 위한 방법을 생각해 보았습니다.


## 마. 시니어 구독제: 시니어의 경험과 역량을 구독하세요

풀타임 정규직 시니어를 채용하기 위해서는 상당한 부담이 있습니다. 채용을 한다해도 과연 성과를 잘 만들어 낼 수 있을까하는 걱정이 앞섭니다. 또한 시니어가 제대로 적응하지 못하고 온보딩 실패를 할 경우 조직의 피해는 더 커집니다. 차라리 채용을 안하니만 못한 결과가 벌어집니다. 이렇게 한번 실패를 하게 되면 더 조심해서 채용을 하려 합니다. 그러다보면 뒤에서 말씀드릴 '빈자리의 역설' 현상이 발생하게 됩니다. 빈자리의 역설이란 적시에 채용을 하지 못하게 되고, 계속해서 빈 자리로 남아 있게 되는 포지션에 관한 이야기입니다. 처음 빈자리가 있을때는 불편하지만, 비어 있는 시간이 오래 될수록 모두가 적응하게 됩니다. 빈자리가 있어도 별로 문제가 없다고 생각하기 쉬운데, 수면 아래 많은 문제가 계속해서 쌓이게 되죠.

이런 고민을 안고 있는 스타트업들을 위해 저는 구독제 모델을 생각해 보았습니다. 앞서 말씀드린 것처럼 이제 성장궤도에 진입하고 있는 스타트업의 경우, 주니어 HR 실무자는 있습니다. 다만, 팀장없이 대표이사 혹은 다른 영역의 C레벨 직속으로 일할 뿐입니다. 당장의 실무는 문제없지만, 기획과 리스크 대비에 있어서 취약합니다. 하지만, 아직은 시니어인 HR 팀장을 풀타임으로 채용하기에는 예산의 문제가 있습니다. 이럴 때 일주일에 2~3일 정도 출근할 수 있는 시니어 HR팀장을 주니어의 연봉으로 구독할 수 있다면 어떨까요? 회사는 연봉문제도 없고, 만약 포지션에 적합하지 않다고 생각한다면 빠르게 다른 사람으로 교체할 수도 있습니다. 시니어 HR팀장도 혹시나 온보딩에 실패할 리스크를 짊어지고 풀타임으로 입사를 하는 것보다 다른 파트타임 직업을 병행하면서 합류를 하는 것이 더 리스크를 줄일 수 있습니다. 막연하게 머릿속으로만 아이디어를 구상하고 있었는데 실제로 올해 봄, 같은 고민을 하고 있던 한 스타트업으로부터 HR팀장 구독을 제안받고 보니 분명히 현실에서 수요가 있을 것 같다는 판단을 하게되었습니다. 물론 그 스타트업과의 인연은 이어지지 않았지만, 언젠가 또 좋은 인연으로 만나기를 기원

합니다.

시니어, 즉 4말5초는 이제 정규직이 큰 의미가 없다고 생각합니다. 정년이 보장되어 있는 곳이 아니고서야 내가 원하지 않는 시기에 언제든 밀려날 수 있습니다. 정규직이란 단어는 심리적 안정감에 기여할 수 있지만 사실상 계약직과 별 차이 없습니다. 오히려 한 직장에 풀타임으로 올인하는 것보다는 여러 개의 파트타임 일자리를 가지는 것이 더 좋지 않을까요? 투자 포트폴리오에도 계란을 한 바구니에 담지 않듯이 말이지요.

하지만 파트타임이란 단어는 우리의 기억 속에 좋은 의미는 아닙니다. 주로 급여가 낮은 단순직에서 많이 사용히였기에 우리의 무의식속에도 파트타임은 그리 좋은 의미로 남아 있지 않습니다. 그래서 파트타임이란 단어보다 서구의 표현을 빌리는 것이 더 편하게 좋다고 생각합니다.

### 긱 이코노미 Gig Economy

긱 이코노미는 이제 특수한 영역에서만 사용할 수 있는 단어가 아닙니다. 이미 우리의 주변에도 긱 워커로 일하시는 분을 찾아볼 수 있습니다. 이 글을 쓰는 저 역시 긱이코노미라는 거대한 시스템안의 긱 워커입니다.

# 바. 달란트50의 핵심, 행동직과 긱 이코노미

## 어느 스타트업과의 만남

어느 스타트업이 있습니다. 멤버들은 익히 저와 아는 사이입니다. 서로 친하기에 농담반 진담반으로 언젠가 같이 일했으면 좋겠다고 생각했습니다. 하지만, 초기 스타트업이 함부로 사람을 채용하기는 쉽지 않습니다. 더구나 기술기반 스타트업이기에 저 같은 '비'기술인력은 굳이 필요하지 않습니다. 그저 친분관계로 베타테스터가 되어서 개선 의견을 주고받거나, HR 실무에 있어서 약간의 조언을 드리는 수준이었습니다.

같이 일하기에는 서로가 부담감과 리스크가 있었습니다. 회사는 회사대로 저 같은 '비'기술인력이 아주 필요하지도 않을 뿐더러 풀타임으로 채용하기에는 인건비의 부담이 상당합니다. 저는 저대로 제가 기여할 수 있는 영역이 그리 크지 않아 보이기도 하고, 더구나 저는 최소 팀장급인데 시니어로서의 연봉수준은 서로가 부담스러울 것 같다고 생각했습니다.

그러던 어느 날 작은 사건이 생겼습니다. 그 스타트업은 한 대기업의 프로젝트를 진행하고 있었는데, 고객사와의 소통과 업무 조율을 하는 PM 역할의 직원이 급작스레 퇴사를 하게 되었습니다. 프로젝트의 완결이 얼마 남지 않은 상황에서 신규로 누군가를 채용하기에는 상당한 무리가 있었습니다. 더구나 기술 인력들로 구성된 스타트업에서 막바지 개발과 QA에 전력을 다해야 하는데 누군가가 그 업무를 대신하기도 어려운 상황이었습니다.

저는 이미 그들과 친분이 있기도 했고, 서비스의 베타테스터 역할도 했었기에 제가 두달 정도 같이 일하게 되었습니다. 물론 풀타임은 아니었고, 일주일에 한번 관련 회의에 참석해서 내용을 팔로업하기만 하면 되었습니다. 대부분의 업무가 온라인으로 가능했기에 이미 다른 일들을 하고 있는 저에게는 큰 부담이 없었습니다. 저는 그렇게 긱워커가 되었습니다.

리더가 아닌 실무자 업무였지만, 단기였기에 부담은 없었습니다. 저 역시 당시에는 어느 업무나 이젠 실무를 수행하기보다는 리더나 컨설턴트의 역할을 하는 것이 더 적합하고 생각하고 있었으니까요. 하지만, 프로젝트 관리 실무 업무를 시작하고 보니, 이곳에 또 다른 세상이 있음을 알게 되었습니다. 큰 조직은 리더와 실무자가 명확하게 구분됩니다. 리더는 지시하고 실무자는 일을 합니다. 그리고 그 일을 리더에게 컨펌받습니다. 하지만, 초기의 스타트업은 달랐습니다. 모두가 각자 영역에서의 실무자면서 리더였습니다. 프로젝트 관리 업무를 실무자로서 시작했지만, 리더 역할도 겸하게 되면서 오히려 일을 보는 시야가 넓고 깊어졌습니다. 통상 실무자는 부분만 보느라 전체를 보기가 어려운데 부분과 전체를 같이 보다보니 일이 다르게 보였습니다.

그리고 시니어인 저에게는 좋은 무기가 있었습니다. 바로 대기업의 경험이었습니다. 스타트업의 일에 대기업의 관리기법을 적용해보니 상당한 잇점이 있었습니다. 더구나 고객사로서 대기업을 상대하기에 대기업의 언어로 고객사와 소통할 수 있음은 빠른 진행에 큰 도움이 되었습니다. 그리고 해당 프로젝트뿐만 아니라 스타트업의 경영지원 전반에 걸쳐 저의 경험을 적용했습니다. 서로 친분관계만 있던 시기에는 제가 함부로 기업의 내부에 대해서 알기는 어려웠고, 알 수도 없었습니다. 하지만 단기 프로젝트를 하면서 한발이 조직의 내부로 들어가고 보니 제가 기여할 수 있는 부분들을 발견할 수 있었습니다. 그렇게 그 스타트업과는 서로 계약했던 2개월이 지나자 업무영역과 기간이 확장된 새로운 계약을 맺을 수 있었습니다. 일을 하다 보니 서로 시너지가 될 만한 부분이 더 많음을 알게 되었고, 계속해서 서로 시너지를 쌓아가고 있습니다.

우연한 기회였지만 저에게는 달란트50의 핵심 두 가지를 모두 실제로 경험하게 된 사례였습니다.


1. 이제 관리직이 아닌 행동직에서 일해야 하는 4말5초
2. 서로의 부담을 줄이기 위해 단기(파트타임)부터 시작하는 긱이코노미

## 사. 본격적인 달란트 50 시작

제가 지금 만들고 있는 다섯 번째 명함은 저와 같은 4말5초들을 도와주는 사람입니다. 나는 아니겠지라고 생각하다가 급작스럽게 주직장에서 내몰리는 4말5초를 위한 일을 만들고 싶습니다. 아직은 초기 구상이고, 또 변경도 많이 되겠지만, 현시점기준으로 제가 구상하는 바를 말씀드립니다.

### 새로운 행동직의 시작

예전에는 60대만 되어도 할아버지 소리를 들었는데요, 시금은 어떤가요? 70대가 되어도 현역에서 활동하시는 분들이 많습니다. 물론 20~30대에 비할 바는 아니지만 육체적 능력에서도 예전의 70대와는 엄청나게 차이 납니다. 1970년대에는 기대수명이 60대 초반이었지만, 2020년대에 이르러는 80세가 넘습니다. 수명이 20년 이상 늘어난 만큼 지금의 60대는 예전의 60대가 아닙니다. 그렇다면 주직장을 퇴사하는 4말5초의 경우에는 어떨까요? 과연 여기서 경제활동을 종료해야 할까요? 50대, 60대가 되면 은퇴해야 한다는 말은 1970년대에나 적용되는 말입니다. 아직은 최소 20년 이상은 일할 수 있는 4말5초는 이제 새로운 일을 찾아야 합니다.

앞서 말씀드렸다시피 이제 기존과 비슷한 기업으로의 이직은 어렵습니다. 이런저런 이유로 4말5초는 이제 재취업이 어렵습니다. 그리고 요행히 취업을 해서 정년까지 회사를 다닐 수 있다고 해도 그 이후 20년은 또다시 새로운 일을 해야 합니다. 한살이라도 어릴 때 새로운 일을 준비하는 것이 좋지 않을까요?

그래서 저는 4말5초들을 위한 새로운 행동직 일자리를 만들고 싶습니다. 물론 이미 시니어들 대상의 청소나 돌봄 서비스 인력 구인은 많습니다. 실제로 저는 며칠 전 퇴직 후 안정적인 소득을 원하는 4060들을 위한 청소부업 강의 안내를 문자로 받았는데요, 이미 상당히 활성화되어 있는 서비스였습니다. 이처럼 우리 사회는 시니어들의 행동직을 위한 기회가 조금씩 많아지고 있다고 생각합니다. 좀 더 다양한 행동직 일자리와 더 효율적인 시스템을 만들어서 4말5초들에게 저와 같은 혼란을 잘 극복할 수 있도록 하고 싶습니다.

## 행동직 직업을 갖기 위해 필요한 것

시니어의 무기는 무엇일까요? 경력? 경험? 물론 맞습니다만, 시니어의 가장 큰 무기는 다음의 두 가지입니다. 이 두 가지가 행동직을 하기 위해 가장 필요한 조건입니다.

### 1. 체력과 성실

체력의 경우, 이미 예전의 60대와 지금의 60대는 다르다는 것을 모두 잘 알고 있습니다. 지금의 우리는 최소한 70대 중반까지는 몸을 움직이고 땀을 흘리며 일할 수 있는 육체적 능력을 가지고 있습니다. 오히려 주직장 퇴사 이후 풀타임잡이 아니라면 예전보다 더 규칙적이고 지속적인 운동을 하기 좋습니다. 피트니스 클럽에서 직장인들이 넘쳐나는 아침과 저녁을 피해서 한가할 때 운동하면 운동기구 차례를 기다리지 않고도 운동할 수 있습니다.

다음으로 필요한 것은 성실입니다. 직장인 중에서 성실하지 않은 사람이야 별로 없겠지만, 시니어들의 성실과 최근 주니어들의 성실과 의미가 약간 다릅니다. 주니어들의 성실은 그저 물리적인 근무시간을 준수하는 것보다 해야 할일을 기한까지 처리하는 의미가 더 강합니다. 의미 없이 자리를 지키는 것 보다는 재택근무를 하면서도 일을 제 시간에 완결하는 것이 더 성실에 가깝습니다. 워케이션까지 일상화되고 있으니 더더욱 성실은 물리적인 의미가 아니게 되었지요.

하지만, 시니어의 성실은 의미가 약간 다릅니다. 제가 직장생활을 시작했던 2000년대 초반에는 대부분의 기업에서는 '성실=근태'의 공식이 존재했습니다. 근태? 그저 지각안하고 무단결근하지 않는 것 아닌가? 라고 생각할 수 있습니다. 하지만, 근태가 성실과 동일시되는 이유는 따로 있었습니다.

당시의 근태란 그저 정시출퇴근의 의미가 아니라 (어젯밤, 늦게까지 회식을 해서 숙취가 상당함에도 불구하고) 일찍 출근해서 자리를 지키는 것이었습니다. 즉, 물리적으로 사무실에 일찍 나오는 것이죠. 눈에 보이는 것을 우선시 했기에 일찍 출근하고 자리를 잘 지키면 업무성과가 그리 좋지 않아도 나름 인정을 받았습니다. 그래서 성실하게 보이게 위해 모두가 일찍 출근하는 분위기였습니다. 저 역시 그런 분위기에 입사하였기에 정해진 근무시작 시각보다 최소 한 시간 일찍 출근하게 되었습니다. 심지어 직급이 올라가면서 출근시각은 더 빨라졌습니다.

즉, 시니어들의 성실은 비가 오나 눈이 오나 언제나 정해진(혹은 그 이전) 시간에 정해진 장소로 출근해서 일하는 것입니다. 주니어들의 입장에서는 시간과 장소가 그리 중요한지 의문이 들 수도 있습니다. 특히 IT 업종에서는 재택근무를 하면서, 정해진 기한까지 밤을 세워서라도 완료하는 것이 성실한 사람일 수 있습니다. 하지만, 적어도 저 같은 4말5초는 일은 기한까지 못할 순 있지만 지각은 안된다고 생각하는 사람들이 많습니다. 이런 문화적 특성은 행동직에 매우 필요한 덕목입니다. 예를 들어 청소용역서비스를 제공한다면 정확하게 고객이 요청한 시간에 도착해서 실행해야 합니다. 혹은 운전서비스를 제공한다면 정해진 시간에 고객을 픽업해야 합니다. 물론 모든 행동직이 그러하진 않겠지만, 대부분 고객이 요청한 장소에 정해진 시각에 도착하는 것이 일의 시작입니다. 꼰대 같지만 무엇보다 지각은 절대 허용하지 않는 꼰대 같음이 오히려 행동직 일에서는 가장 기본이 됩니다. 꼰대 같은 시절을 견뎌온 4말5초에게는 이미 성실은 기본 장착되어 있습니다.

## 2. 체력과 성실, 그 다음으로 필요한 것

체력과 성실, 이 두 가지는 이미 대부분의 4말5초들이 가지고 있습니다. 이 두 가지가 필요조건이라면 여기에 행동직을 위한 충분조건 하나가 더 필요합니다. 바로 마인드리셋입니다.

급작스럽게 주직장을 퇴사하기 전까지 시니어는 대부분 리더의 자리에 있었습니다. 임원, 본부장, 팀장 등 실무자가 아닌 관리자의 위치에 있었습니다. 언제나 방향을 제시했고, 업무를 부여하고, 결과를 평가했습니다. 하지만, 어디까지나 회사이름과 직책이 명함에 남아 있을 때의 이야기입니다. 내가 조직에 소속되어 있어야 회사이름이 명함에 남아있습니다. 그리고 내가 누군가를 지시할 수 있어야 직책이 명함에 남아 있습니다. 하지만, 이제는 명함에 회사이름도, 직책도 없습니다.

행동직의 시작은 나 자신의 이름입니다. 이젠 누가 나의 이름 뒤에 직책이나 직급을 붙여주진 않습니다. 제 친구의 아버님께서는 작은 사업체를 경영하셨습니다. 훌륭한 성과 이후 은퇴를 하시고 전원주택으로 이사를 하셨습니다. 만족스런 은퇴생활을 즐기셨지만, 그래도 예전 일하던 시절이 그립던 찰나, 근처 공장에서 사람이 필요하다기에 아르바이트 삼아서 가셨습니다. 그런데 일을 시작하자마자 큰 충격을 받으셨습니다. 누군가가 제 친구의 아버님에게 이렇게 말씀하셨기 때문입니다.

"어이! 김씨! 이리 와서 이것좀 해봐요!"

얼마 전까지 기업의 오너이자 경영자로 계셨는데, 그 사실을 알 리 없었던 옆 동네 사람에게는 그저 '김씨'로밖에는 보이지 않으셨습니다. 사실 저를 비롯한 시니어들도 이보다 더하면 더했지 더 좋을 리는 없습니다. 이젠 나보다 나이 어린 창업자도 많기 때문이죠. 창업자는 당연히 자기보다 나이 많은 사람보다는 최소 동년배를 선호합니다. 이런 식으로 창업자의 나이에 맞춰 하위 조직들의 리더나이도 따라가게 되는 경우가 많습니다. 왜 갑자기 창업자 이야기일까요?

이젠 우리나라도 창업이 많아지면서 이른바 '사회 초년생'들의 창업도 많기 때문입니다. 행동직은 싫기에 다시 일반 기업으로 취업하려는 시니어들도 그만큼 나보다 나이어린 대표를 만나기 쉽기 때문입니다. 저도 저보다 나이어린 대표들을 경험해 보았습니다. 처음에는 많이 어색하고 불편했습니다. 하지만, 지금은 서로 동료로서 일하고 있는 것이 더없이 편합니다. 그렇지만, 연공서열이 기반인 문화에서 약 20년을 일해 왔기에 적응하기까지는 매우 힘들었습니다. 다른 4말5초들도 크게 다르지 않다고 생각합니다. 대기업에서 부장으로 20년 일하고 스타트업 임원으로의 이직은 매우 멋지게 보입니다. 하지만, 스타트업의 다른 임원들은 이제 30대인 경우도 많습니다.

행동직까지는 아니어도 주직장에서 퇴사하여 새로운 인생을 만들어 나가야 하는 시니어에게는 마인드리셋이 필요합니다. 이제 나의 명함에서 회사이름과 직책을 지워야 합니다. 그리고 더불어 나이마저 지워야 합니다. 나이를 얘기할 때는 업무의 경험과 숙련도로 말해야 합니다. 단순히 나이가 많기 때문에, 경력이 많기 때문에는 더 이상 훈장이 아닙니다.

이제 나의 명함에서 이름만 남기고 나 시우서야 합니다. 그리고 다시 명함을 채워나가야 합니다.

## 시니어의 경력을 연결하자

앞서 말씀드렸던 육체적 일자리에 이어 다른 방향에서 구상하는 행동직이 있습니다. 시니어와 스타트업의 연결입니다. 위에서 말씀드린 시니어 구독제가 바로 그것입니다. 위에서는 HR을 예로 들었지만, 스타트업씬의 많은 분들과 이야기해보면 시니어의 경력과 경험이 필요한 순간조차 인지하지 못하는 경우도 많습니다. 간단한 조치 만으로도 큰 비용을 절감할 수도 있습니다. 주니어들이 몰랐던 업계의 불문율에 대해서 알려주고, 그에 맞는 영업전략을 수립할 수도 있습니다.

구독제에서 중요한 핵심은 단순한 자문이나 원포인트 레슨이 아니라는 점입니다. 시니어의 경력을 필요한 기업에 연결해주는 서비스는 이미 있습니다. 그래서 제 나름대로 서비스를 분석해 보았는데요, 공급자인 시니어들은 대부분 자문(화상, 전화도 가능) 포지션 위주였습니다. 더구나, 이미 개인 컨설팅기업을 창업하여 일감을 수주하려는 분들도 많았습니다. 그 덕분인지 학력이 높으신 분들도 다수였습니다. 적어도 저의 눈에는 경력과 학력이 뛰어나신 분들이 컨설팅 서비스를 제공하는 플랫폼으로 보였습니다.

저는 그보다 더 평범한 시니어를 대상으로 달란트50을 만들고 싶습니다. 다음 두 가지로 평범한 시니어를 설명하고 싶습니다.


하나. 임원보다는 차부장급으로 직장생활을 마친 사람입니다. 물론 임원은 전문지식과 업계 네트워크, 그리고 상당한 실무자로서의 성과를 보유하고 있겠지만, 행동직에서 진짜 필요한 것은 임원급에서의 관리 경험이 아니라 차부장급에서 최대한 오래 실무를 해왔던 경험입니다. 임원급정도 되면 이미 실무와는 멀어지게 되니까요.

둘. 자격증이나 학력보다는 실무위주의 경력을 가진 사람입니다. 말씀드렸던 시니어자문 플랫폼을 보다보면 박사급이나 자격증 부자가 굉장히 많습니다. 많이 배우는 것은 물론 좋은 일이지만, 제가 구상하는 달란트50과는 결이 다릅니다. 스포츠로 비유하자면, 감독이나 코치보다는 선수, 혹은 플레잉코치가 더 달란트50에 적합합니다.


## 아. 새롭게 생각하는 일의 의미


앞서 플랜C와 달란트50에 대해서 숨 가쁘게 말씀드렸는데요, 사실 불편한 전제가 있습니다. 바로 우리는 돈을 벌기위해 일을 해야 한다는 것입니다. 물론 돈을 버는 것은 내우 중요합니다. 하지만 우리는 생존만을 위해 음식을 먹지 않습니다. 음식에는 단순한 영양섭취에도 많은 가치가 있습니다. 재료와 요리의 역사적 유래와 의미, 재료를 준비하는 과정, 요리하는 과정, 플레이팅을 하고 손님을 초대하는 과정, 그리고 식사시간의 대화까지 과정 곳곳에 즐거움이 숨어 있습니다. 돈을 벌기위해 일하는 것도 비슷합니다. 그저 돈을 벌기위해 일하지는 않습니다. 그럼 돈을 버는 것 외에 어떤 즐거움이 있을까요?

일을 처음 시작하는 20~30대의 일과 50대 이후의 일은 가치가 다릅니다. 수많은 SNS 게시물에도 넘쳐나듯이 일이란 힘들고 고됩니다. 출근하기 싫고, 상사도 싫고, 야근은 더더욱 싫습니다. 오직 기다리는 것은 점심시간과 퇴근시간입니다. 그리고 월급과

보너스를 기다립니다. 돈이 통장을 스쳐지나가는 그 잠시는 행복하지만 다시 다음날이면 리셋됩니다. 노동의 힘듦에 보복소비를 미리 하고, 다음 달의 나에게 지불을 미룹니다.

20~30대의 일은 기회가 많습니다. 어찌 보면 기회가 많기에 소중하지 않을 수 있습니다. 50대부터는 일의 기회 자체가 적습니다. 기회가 있긴 하나 부익부빈익빈이 너무 심합니다. 조직의 고위 상층부의 극소수와 the others로 구분됩니다. 40대처럼 일할 수 있는 기회 자체가 너무 적습니다. 그렇기에 능력이 있어도 내몰리게 됩니다. 50대 이후의 일은 일 이상의 소중한 존재입니다. 50대 이후의 일은 생존의 수단이기에 앞서 인정의 증거이기도 합니다. 아직 사회의 일원으로서 일부분에서 기여를 할 수 있고, 기대의 대가를 받습니다. 사회구성원으로서 그 인정은 매우 중요합니다. 20~30대의 행복은 돈을 많이 벌고 쓰는 것에 있을 수 있지만, 50대 이후의 행복은 누군가가 나를 귀하게 써준다는 인정에 있습니다. 더구나 사람은 일을 해야 적당한 긴장감속에서 건강을 유지할 수 있습니다. 즉 50대 이후에게 일이란 인정, 대가, 그리고 건강입니다.

20~30대에서의 일을 잘한다는 것은 젊기 때문일 수도 있습니다. 여전히 뛰어난 역량을 가지고 있고, 성과도 창출하는데 50대가 되었기 때문에 일에서 내몰립니다. 지금은 많이 약화되었다고는 하지만 우리나라는 연공서열이 강하기 때문에 나이가 많으

면 조직에서 먼저 나가야 합니다. 더구나 점점 기업 근로자의 평균연령이 감소하고 있기에 앞으로 우리나라에서는 시니어는 기하급수적으로 늘어날 전망입니다.

그동안 비자발적인 은퇴자가 힘들었던 것은 이제 더 이상 예전과 같은 인정과 대가를 받을 수 없었기 때문입니다. 누군가 나를 귀하게 써준다는 인정과 그에 따른 대가는 행복이었고, 가족 앞에서의 존재의의였습니다. 하지만, 내몰리게 된 순간, 이제 예전의 인정과 대가는 없습니다. 사회에서는 은퇴자를 귀하게 써주지 않았습니다.

이런 생각들이 모여 달란트50이 민들이집니다. 50대 이후의 비자발적 은퇴자들이 귀하게 쓰이고 인정과 대가를 받는 '무엇인가'를 만들어 가려고 합니다.

# / **9** /

## 슬래시 커리어 1년,
## 그리고 새로운 시작

**가. 어디까지나 현재 기준, 미래는 아무도 모른다**

저는 이 책의 초고를 2025년 9월 15일까지 완결하기로 계획했습니다. 완결 목표를 눈앞에 두고 8월, 9월의 더위에 틈틈이 글을 써왔는데요, 사실 이 시기에도 새로운 일들이 생겼습니다. 2024년 9월에 비자발적 실업자가 되고, 2025년 4월부터 본격적인 슬래시 커리어를 만들어 왔습니다. 그런데 시간이 갈수록 점점 새로운 일들이 저를 찾아왔습니다. 새로운 삶을 시작한지 1년이 되는 이 시점에서 지난 1년을 되돌아보면 정말로 많은 일이 있었습니다. 하지만, 다가올 1년을 내다보면 더 많은 일들이 생길 것 같습니다.

자연은 진공을 허락하지 않는 것처럼 풀타임 근로자가 아니기에 비는 시간들이 있습니다. 이 비어있는 시간들 덕분에 오히려 많은 것들이 채워지고 있습니다. 특히 이번 여름에는 이 책의 초고 완성을 위해 노력하면서도, 새로운 일을 위한 준비를 틈틈이 할 수 있었습니다. 물론 준비하는 일들이 잘될지 안 될지는 아직 미지수입니다. 하지만 이렇게 계속해서 새로운 일들을 준비할 수 있어서 참으로 감사할 따름입니다.

## 나. 착각, 그리고 새로운 마음가짐

저는 나름 모범생의 삶을 살아왔습니다. 무난(?)하게 대학교에 입학했고, 졸업 전에 대기업에 합격했습니다, 졸업하기도 전에 이미 입사식을 마치고, 신입사원 연수 도중 대학교 졸업식에 참석했습니다. 그렇게 사회생활을 시작했고, 꾸준히 계속해서 일을 해왔습니다. 그러면서 저는 어떻게 해서든 이직은 할 수 있으리라 생각했습니다. 그리 나쁘지 않는 학력과 경력이 있기에 큰 욕심을 부리지 않는 다면 새로운 회사로의 이직은 언제나 가능하다고 착각했습니다. 정말 근거없는 자신감이었지요.

하지만, 4말5초에 갑자기 찾아온 퇴직은 저에게 많은 변화를 가져왔습니다. 이제는 저에게 당연한 것은 없습니다. 지금까지 해왔던 착각에서 벗어나고 있는 중입니다. 아무리 뛰어난 경력과 능력을 가지고 있어도 기술의 발전 속도에 같이 따라가긴 어렵습니다. 결국 나의 경력과 능력은 뒤처지게 됩니다. 엑셀과 파워포인트를 예로 들어보겠습니다. 엑셀에는 수많은 함수가 있습니다. 함수들을 잘 다루는 사람일수록 업무속도와 성과가 남달랐습니다. 저 역시 주니어시절 영어사전보다 두꺼운 엑셀 함수사전을 옆에 끼고 수많은 숫자와 싸웠습니다. 심지어 비주얼 베이직 개발능력이 있는 사람은 거의 프로그램급의 엑셀 자동화 파일을 만들었습니다.

파워포인트는 어떤가요? 간단한 한두 줄의 내용도 화려한 템플릿으로 엄청난 발표 자료를 만들 수 있는 툴이었습니다. 디자인 능력이 탁월한 사람의 파워포인트 자료는 그야말로 한편의 영화와 같았습니다. 시중에는 파워포인트 템플릿을 유료로 판매하기도 했습니다. 그럼에도 자신의 보고자료를 멋지게 만들기 위한 직장인들은 템플릿을 구매했습니다. 저도 중요한 분들을 대상으로 한 보고 자료를 만들기 위해 비싼 파워포인트 템플릿을 구매해서 활용한 경험이 있습니다.

지금은 raw data만 있다면 굳이 복잡한 함수를 몰라도 분석이 가능합니다. 자연어로 명령을 내리면 AI가 알아서 작업하기 때문입니다. 이젠 발표 자료를 만들기위해 파워포인트와 씨름하지 않아도 됩니다. 발표할 내용의 개요만 있으면 됩니다. 심지어 주제만 있어도 알아서 개요를 만들어주고 발표자료까지 만들어 줍니다.

간단한 업무툴도 이정도인데, 전문 기술 분야는 더 심하겠지요. 몇 년 전, 개발자가 매우 흥했던 시절이 있었습니다. 너도나도 전공불문하고 개발자가 되었고, 실제로 상당수 개발자로 취업하기도 했습니다. 하지만 최근에는 주니어 개발자들의 수요가 감소하고 있습니다. 시니어 개발자 한명과 주니어 개발자 2~3명이 하던 작업을 이제는 시니어 개발자와 AI가 하는데도 더 빠르고 뛰어난 작업결과를 만들어 냅니다. 실리콘밸리에서는 개발자 구조조정 뉴스가 하루가 멀다 하고 계속해서 들리고 있습니다.

세상이 이렇듯 빠르게 변하고 있는네 나만 세자리에 있을 수 없습니다. '이상한 나라의 앨리스'의 후속편인 '거울 나라의 앨리스'에서는 '붉은 여왕Red Queen'이 나옵니다. 붉은 여왕이 사는 곳은 제자리에 서 있으면 자신도 모르게 뒤쪽으로 이동하게 되는 이상한 곳입니다. 붉은 여왕은 이렇게 말합니다.

"여기서는 같은 곳에 있으려면 쉬지 않고 힘껏 달려야 해. 어딘가 다른 데로 가고 싶으면 적어도 그보다 두 배는 빨리 달려야 하고."

동화속의 이야기일까요? 지금 우리가 사는 세상이야기입니다. 세상은 빠르게 변하는데 제자리에 서있으면 나도 모르게 뒤로 밀려납니다. 힘껏 달려야 그나마 제자리에 있을 수 있으니까요.

## 다. 나의 동료 AI

중요한 발표를 앞두고 파워포인트 템플릿을 구매했던 이야기를 드렸는데요, 저는 특히 디자인에 약했습니다. 엑셀로 숫자 데이터를 분석하고 가공해서 보고 자료를 만드는 것은 나름 자신이 있었지만, 그럴싸한 구조화와 그림으로 자료를 만드는 것은 저에게는 거의 고문과도 같았습니다. 이 약점은 강의를 할 때 저에게 엄청난 부담이었습니다. 내용 준비하기에도 시간이 빠듯한데, 강의 슬라이드는 그저 밤을 세운다고 할 수 있는 일이 아니었습니다. 하지만, 그런 저에게 한줄기 빛이 보였습니다. 바로 AI였습니다. AI와 함께 작업을 하니 정말로 능력 좋은 동료와 일하는 기분이었습니다. 저는 더 중요한 일에 집중할 수 있었고, 점점 더 많은 AI동료들을 만나게 되었습니다.

'사람 vs. AI'에서 '사람 vs. 사람 with AI'

잠깐만 검색해보아도 AI가 사람들의 일자리를 뺏을 거라는 내용이 많습니다. AI의 발달로 사람들은 점점 일자리를 잃어갈것이라고 말이지요. 저도 상당히 공감합니다. 막연하지만 그런 두려움에 저는 열심히 AI를 배워야겠다고 생각하고, 실행했습니다. 한창 글을 포스팅할 때 저에게 필요했던 것은 이미지였습니다. 글 한편마다 썸네일로 쓰이기도 하고 내용을 잘 함축할만한 이미지가 필요했습니다. 이미지를 전혀 만들지 못하므로 처음에는 무료 이미지 사이트를 이용했습니다. 그러다가 조금씩 AI를 이용해보기 시작했습니다. 처음으로 만들어본 이미지는 매우 조악했습니다. 하지만 만들다보니 조금씩 향상이 되었고, 결국에는 유료강의를 수강하기에 이르렀습니다. 그 덕분에 저는 지금 저에게 필요한 이미지는 자유롭게 생성해서 사용하게 되었습니다. 1년 전 그저 조악한 이미지를 겨우 생성하던 저는, 1년이 지난 지금 여러 개의 AI서비스를 유료로 이용하며, 이용요금 이상의 가치를 창출하고 있습니다. 혼자였더라면 검색, 분석, 초안 수립, 고도화 등 수많은 과정을 거치느라 상당한 시간이 걸렸을 텐데요, 지금은 AI 동료들과 함께 엄청나게 효율적으로 일하고 있습니다.

어디서 일하게 되던, 어떤 일을 하게 되던 시니어는 예전의 경험과 능력으로 일할 수 없습니다 단순한 행동직 일자리에서 일하더라도 스스로를 효율적으로 관리하기 위해서 AI와 함께 해야 합니다. 예전처럼 볼펜과 종이로는 더 이상 일할 수 없습니다. 컴퓨터 활용에 문제가 없으시다는 분들도 많겠지만, 대부분의 시니어는 컴퓨터로 보고 자료를 읽고 전자결재 정도만 할뿐, 종이로 일할때와 다를 것 없는 상황입니다. 이미 실무에서 손을 뗀지 오래되었기에 이젠 혼자서 서류 만들기도 만만치 않을 것입니다. 컴퓨터를 잘한다는 것도 검색과 콘텐츠 사용 정도일 겁니다.

AI가 사람들의 일자리를 뺏을까요? 아닙니다. AI와 같이 일할 줄 아는 사람이 그렇지 못한 사람들의 일자리를 뺏게 될 것입니다. 앞에서 행동직을 위해서 필요한 조건들인 체력, 성실, 마인드 리셋을 말씀드렸는데요, 여기에 한가지 더, AI를 추가하고 싶습니다. 예전 이력서에는 컴퓨터도 하나의 스킬이었는데요, 지금은 이력서에서 컴퓨터를 찾아볼 수 없습니다. 너무나도 당연하기 때문이지요. 마치 사무직을 채용하는데, 특기에 엑셀을 표기하는 것과 같습니다. AI 또한 이제는 너무나 당연한 하나의 스킬일 뿐입니다. 이력서에 AI를 잘한다고 넣을 수는 없습니다.

AI와 같이 일하는 사람이 되어야 하는 것. 이제는 새로운 직업을 위한 전제조건입니다.

## 라. 애초부터 선Line은 없었다. 인생은 점의 연속이다

얼마 전 저는 이제야 아들러의 심리학을 다룬 '미움 받을 용기'를 읽어보았습니다. 저에게는 상당히 많은 부분에서 공감이 되는 이야기가 많았습니다. 저는 타인의 시선에 상당한 부담을 느끼면서 살아왔던 터라 아들러의 심리학은 저에게 많은 위로와 함께 나아갈 방향에 대한 힌트도 주었습니다. 그중에서도 저는 아래와 같은 말에 큰 성찰을 얻었습니다.

재작년 2월로 거슬러 올라가 보겠습니다. 극도의 스트레스와 번아웃을 겪고 있던 저는 더 이상 갈 곳이 없었습니다. 저는 혼술로 스트레스를 풀곤 했지만, 이제는 혼술마저 의미가 없었습니다. 저를 잡아줄 무엇인가가 필요했습니다. 그래서 저는 우연히 글쓰기를 시작했습니다. 3년 만이었습니다. 당시는 이렇게 거의 매일 글을 쓰게 될지는 몰랐습니다. 그저 글을 쓴다는 '점' 하나를 찍었을 뿐이었습니다. 특정한 주제도 없이 그저 글을 써야 한다는 목적이 있었기에 좋아하는 영화의 명대사에 대한 글을 썼습니다. 아무런 맥락 없이 며칠 동안 글이 이어졌습니다.

몇 개의 점을 찍고 나니, 새로운 점이 생각났습니다. 우리 조직에 대한 이야기를 써야겠다고 말이지요. 그렇게 또 몇 개의 점을 찍어 나갔습니다. 찍을 점이 더 이상 없었습니다. 그러자 제가 자신 있게 떠들 수 있는 주제가 생각났습니다. 바로 '리더십'이었습니다. 저는 HR컨설팅기업에서 리더십개발팀장 역할을 수행한 경험이 있습니다. 전문가는 아니지만, 현장에서 서당개 3년 생활을 했었기에 다른 사람들보다는 조금 더 많은 풍월을 읊을 수 있다고 생각했습니다. 그렇게 해서 리더십에 대한 점을 찍기 시작했습니다.

애초부터 일단 글을 써야 한다거나, 리더십에 대한 글을 써야 한다거나 하는 '선'을 생각했더라면 짧은 길이의 '선'으로 마무리가 되었을 수도 있었습니다. 하지만 그저 점 하나를 매일 새롭게 찍어 나가는 길이었기에 내일에 대한 부담과 걱정 없이 점을 찍을 수 있었습니다.

점을 계속해서 찍어 나가다 보니 어느 순간 많은 분들께서 저의 점찍기를 응원해 주시고 계셨습니다. 그리고 저에게 피드백을 해주셨지요. 그 피드백을 반영해서 또 새롭게 점을 찍어 나갔습니다. 이제는 단순하게 리더십에 대한 설명이 아니라, 우리의 일상 속에서 소재를 찾아 리더십을 쉽게 소개하는 글을 쓰기 시작했습니다. 이때부터 더 많은 분들께서 저의 글에 공감을 해주셨습니다. 공감에 신난 저는 매일매일 점을 찍어 나갔습니다.

점을 찍다 보니 새로운 점을 찍고 싶어 졌습니다. 제 나름대로 터득한 글쓰기 노하우를 다른 사람들과 공유하고 싶어 졌습니다. 그렇게 저는 2024년 1월, 글쓰기 모임을 시작했습니다. 무려 서른한분께서 동참해 주셨습니다. 3개월의 짧은 여정이었지만 같이 글을 쓰니 서로가 힘이 될 수 있었습니다. 또한 계속해서 글을 써야 겠다는 각오도 다질수 있었지요. 오늘 기준으로 이 모임에서 두분이나 새로이 브런치 작가가 되셨습니다. 물론 제가 도와드린 것은 없지만, 글쓰기 모임이 단초가 되었다고 생각합니다.

계속해서 ‘점’을 찍어 나가다가 어느 날 뒤를 돌아보았습니다. 전혀 관계없는 ‘점’들이 어느새인가 ‘선’으로 이어져 있었습니다. 참으로 신기했습니다. 스티브 잡스께서 말씀하셨다죠.

"Connecting the dots."

지금 하는 일들이 비록 작고 연관성이 없어보지만, 미래에는 어떻게 연결될지 모릅니다. 저는 2년넘게 계속해서 '선'은 생각하지 않고 마구잡이로 '점'을 찍어왔습니다. 그런데 어느새인가 생각지도 못한 '선'이 되어 있었습니다. 아직은 미욱하지만, 저에게는 정말 커다란 '선'이 아닐 수 없습니다.

그래서 오늘도 이렇게 '점' 하나를 찍어봅니다.

## 마. 과정이 콘텐츠다

### 타인과 차별되는 나의 이야기가 바로 콘텐츠가 된다

저의 명함 중 하나가 바로 작가와 강사입니다. 콘텐츠를 창작하고 전달하는 일입니다. 얼마나 가치있고, 재미있고, 유용한 콘텐츠를 만드느냐가 경쟁력의 척도가 됩니다. 리더십을 주제로 거의 매일매일 포스팅하던 시기에는 주제에 모든 정신을 집중했습니다. 유명한 학자의 리더십 이론, 최근 주목받는 최신 리더십 이론 등 리더십이라는 테두리 안에서 다양한 주제를 찾으려고 노력했습니다. 그 과정에서 매달 참석하던 독서모임은 큰 도움이 되었습니다.

그러던 중, 저는 리더십 이야기 말고 저의 이야기를 써봐야겠다는 생각이 들었습니다. 누군가에게 보여주기 보다는 평범한 직장인이 글쓰기를 시작하면서부터 그리고 여기에 더해 링크드인을 만나게 되면서부터 벌어지는 일들을 회고 삼아 기록하고 싶었습니다. 그래서 저의 이야기를 브런치에 연재하기 시작했습니다. 처음 사회생활을 시작하던 때의 두려움과 설렘, 연차가 쌓여가면서 같이 쌓인 우울감에 대해서 솔직하게 이야기했습니다. 그리고 우연히 시작한 글쓰기가 지금은 저에게 많은 인연과 새로운 기회를 연결시켜준 단초가 되는 이야기를 하나하나 기록해나갔습니다.

## 작은 글쓰기가 한권의 책이 되다

시작은 미미했습니다. 3년 만에 다시 찾게 된 브런치, 그곳에는 예전 끄적거린 글들로 이미 폐허가 되어있었습니다. 방문자도 없이 그렇게 3년 동안 버려진 그곳에 영화이야기로 글을 쓰기 시작했습니다. 스트레스와 우울감을 달래기 위해 뭐라도 하고 싶었지요. 그렇게 글이 시작되었습니다. 글들이 모이게 되니 저의 글을 좋아해 주시는 분들이 생겼습니다. 그분들은 저에게 더 좋은 방향성을 위한 피드백을 주셨습니다. 피드백을 반영하면서 저의 글들은 어느 새인가 시리즈처럼 연재되기 시작했습니다. 연재는 저에게 퍼스널 브랜딩을 만들어 주었습니다. 그 덕분에 1만명이 넘는 분들과 소통을 하게 되었습니다. 퍼스널 브랜딩이 단초가 되어 저는 지금의 슬래시워커가 되어 매일매일 즐겁게 일하고 있습니다.

아직 저의 이야기는 진행중입니다. 어떻게 끝이 날지 예상도 가지 않습니다. 하지만 분명한 사실은 저는 꾸준히 움직일 것이라는 점입니다. 물론 그 과정을 모두 기록할 겁니다. 현인의 지식과 지혜에는 절대 못 미치지만, 저와 비슷한 상황을 겪는 누군가에게는 분명히 가치있는 콘텐츠가 되리라 생각합니다. 직장인으로서 겪는 미래에 대한 불안감, 뭐라도 하고 싶지만 무엇부터 해야 할지 모르는 막막함. 저의 이야기가 직장인들에게 소금이라도 도움이 되었으면 좋겠습니다.

# 꾸준한 글쓰기를 위한,
# 작지만 유용한 팁

지금까지 저의 슬래시 커리어에 대한 이야기를 해 드렸습니다. 예상치 못한 시기에 직장에서 내몰리게 되었고, 또한 예상치 못하게 다른 직업들을 가지게 되었습니다. 재직당시 사이드잡으로 시작했던 강의가 아니었더라면 퇴직하자마자 바로 구직자로 불안한 나날들을 보냈을 것입니다. 하지만 당장 수익을 가져다주는 강의를 준비하게 되면서 저는 불안감을 떨치고 '일단' 움직이게 되었습니다.

그런 기회를 가져다 준 원동력은 바로 '꾸준한 글쓰기'와 '링크드인'이었습니다. 둘 중에 어느 하나만 부족해도 지금의 제가 있을 수 없었습니다. 이미 저는 브런치에 8년 전(2017년 4월)부터 글을 써왔습니다. 중간 3년의 공백은 있었지만, 지금까지 꾸준하게 글을 써왔습니다. 하지만 글을 써왔을 뿐, 브런치의 글들로 인해서 제가 얻은 특별한 '무엇인가'는 없었습니다. 링크드인 또한 마찬가지입니다. 브런치보다 더 오래전인 10년 전에 가입했습니다. (2014년 4월) 하지만 10년의 가입기간 중 포스팅을 한 기간은 최근 2년에 불과합니다. 즉 8년 동안은 그저 가입만 되어 있었을 뿐이었습니다.

브런치와 링크드인은 꽤 오래전 가입했지만, 각각의 서비스는 저에게 이렇다 할 '무엇인가'를 주지는 않았습니다. 하지만, 브런치의 콘텐츠를 링크드인과 동시 발행하기 시작한 1년반 전부터 저에게는 '무엇인가'가 발생하기 시작했습니다. 처음에는 가벼운 커피챗이었지만, 나중에는 커피챗을 통해 새로운 기회를 만날 수 있었습니다. 지금의 저를 생존할 수 있게 만들어준 두 가지 키워드는 바로 글쓰기와 링크드인이라고 자신있게 말씀드릴 수 있습니다.

글쓰기는 콘텐츠고 링크드인은 플랫폼이죠. 콘텐츠와 플랫폼이 만나서 시너지를 만들기 시작했습니다. 처음에는 작은 눈덩이였지만, 나중에는 커져서 지금의 슬래시 커리어를 만들게 되었습니다. 둘 중에 어느 하나도 소홀히 할 수 없습니다만, 우선순위를 따지자면 먼저 콘텐츠를 만들어야 합니다. 콘텐츠가 있고 나서야 플랫폼에 올릴 수 있으니까요.

그래서 글쓰기에 관한 저의 생각들을 써보았습니다. 사실 글쓰기를 처음 시작하시는 분들을 위해, 그리고 나중에 다시한번 글쓰기 모임을 만들어서 글쓰기 코칭을 하기위해서 주말에 한두 편씩 작성해 놓았던 글들인데요, 구슬을 꿰고 보니 이렇게 또 작지만 훌륭한 보배가 되네요. 꾸준한 글쓰기를 위한 저의 생각들에 충분히 공감하시고 실행해 보시기를 바랍니다.

## 가. 주말, 카페의 힘: 루틴의 중요성

글을 잘 쓰는 방법보다는 우리가 왜 글을 쓰기 어려운지에 대해서부터 시작해 보도록 하겠습니다.

### 왜 글을 쓰기 어려울까요? 그리고 왜 꾸준히 쓰기 어려울까요?

우리의 일상을 되돌아보겠습니다. 하루 세끼, 배가 고프기 때문에 밥을 먹습니다. 직장인의 경우 일이 끝나면 각자 운동을 하거나 교양 강의를 듣는 등 취미 생활을 합니다. 그리고 느지막이 집에 들어가면 샤워를 합니다. 샤워 후, 게임이나 독서 등 집에서 즐기는 취미를 즐긴 뒤 매일매일 비슷한 시간에 잠자리에 듭니다.

주말도 비슷합니다. 주별로 진행되는 모임들이 많습니다. 종교, 학습 등 평일에는 하기 힘든 활동들을 합니다. 평일에 하기 힘든 대청소를 하기도 합니다. 평일에는 최소한의 청소를 하고, 주말에 몰아서 청소를 합니다. 재활용 쓰레기도 보통 주말에 처리합니다. 아파트에 따라 특정 요일에만 처리가 가능한 경우 그 일정에 맞추어 개인 일정도 조정하게 됩니다.

대부분 비슷한 삶을 살고 있다고 생각합니다. 이 활동들을 매일, 혹은 주마다 실행할 수 있는 이유는 무엇일까요? 물론 당연히 내가 좋아하기도 하지만, 제가 말씀드린 일련의 활동들은 이미 우리들의 삶에 루틴으로 체화되어 있습니다. 배가 고프면 밥을 먹고, 주말이 오면 청소를 하듯 우리의 일상은 어느 정도 정해진 루틴에 따라 진행됩니다.

이 루틴은 매우 강력하기에 새로이 운동이나 학습을 시작하는 경우 기존의 루틴에 이를 포함시키기가 성공의 관건인 경우가 많습니다. 퇴근 후 집에 빨리 가서 드라마를 보면서 맥주를 즐기던 사람이 어느 날 갑자기 퇴근길에 운동을 하기는 어렵습니다. 유혹을 참고 참아서 운동을 루틴에 포함시키게 되면 퇴근길에 몸이 자연스럽게 체육관으로 향하게 됩니다.

습관과도 비슷하긴 합니다만, 저는 습관과 루틴은 구분하고 싶습니다. 제 기준으로 습관은 육체의 활동이고, 루틴은 정신적인 측면이 많다고 생각합니다. 루틴은 언제고 나의 의지로 컨트롤이 가능하기 때문입니다.

앞서 말씀드렸듯 이미 우리의 생활 루틴은 일상적인 많은 일들로 채워져 있습니다. 글을 쓰고 싶어 하시는 분들은 많습니다만, 그분들이 하나 같이 고민하는 것은 글을 쓰는 시간이 없다는 점입니다. 다른 활동들은 대부분 다른 사람과 같이 하거나 비용을 지불하면서 특정 장소에 가는 활동이 많지만, 글쓰기는 어디까지나 철저하게 혼자만의 시간입니다. 이미 꽉꽉 들어찬 루틴 속에 글쓰기 시간을 포함시키기는 쉽지 않습니다. 억지로 시간을 내서 글을 쓴다 하더라도 여러 가지 어려움을 겪게 되고, 바로 글쓰기와는 이별을 고하게 되기 쉽습니다.

제가 했던 방법을 소개합니다. 저는 특정시간과 특정장소를 저의 글쓰기 루틴으로 만들었습니다. 지금 이 글도 주말 오후에 동네카페에서 작성하고 있습니다. 물론 저의 루틴은 많이 변경되긴 했습니다. 저는 퇴근 후 사무실이 있던 빌딩의 공용공간에서 글을 쓰기 시작했습니다. 일단 빌딩 밖으로 나가면 다른 활동을 하고 싶었기에 계단으로 해당 공간으로 이동해서 글을 썼습니다. 그리고 그 다음에는 토요일 오후 동네 카페를 이용했습니다. 약 2~3시간 글의 초안과 나중에 설명 드리게 될 글감 연못을 만들었습니다. 그렇게 90% 정도 작성된 글을 평일 잠시 시간을 내어 마무리를 하고 브런치에 발행을 했습니다.

글을 쓰는 특정한 장소와 시간에 대한 루틴은 매우 중요합니다. 불을 끄면 졸리듯, 특정한 환경이 갖추어졌을 때 자연스럽게 그에 반응하도록 나를 만들어야 합니다. 본격적으로 글을 쓰고 발행하기 전, 주말 혹은 퇴근길에 카페같이 노트북을 사용하기 좋은 장소에서 잠시만이라도 간단한 글을 써보는 연습이 필요합니다.

이 연습이 곧 나의 글쓰기 루틴을 만들어 주는 바탕이 됩니다.

글을 쓸 수 있는 특정한 시간과 장소에 대한 루틴을 만들어 보세요. 루틴이 확보되지 않으면 글쓰기는 1회성으로 끝나기 쉽습니다. 주말, 동네 카페가 가장 쉬운 루틴입니다.

## 나. 양날의 검, 특수효과 이야기: 글도 그림처럼 스케치부터 시작하세요

혹 네이버 블로그에서 유명했던 이보티콘을 아시나요? '따봉!'을 외치며 엄지척하는 이모티콘인데요, 지금은 자취를 감추었지만, 너무나도 유명한 캐릭터 이모티콘입니다. 많은 광고성 블로그에 사용되어서 이 이모티콘만 보면 외면해 버린다는 MEME도 많았습니다. 이모티콘, 캐릭터, 여러 가지 강조 기법(폰트, 색깔, 인용 부호 등)은 매우 유용한 도구입니다. 여러 블로그들을 보다 보면 이외에도 동영상이나 움짤(움직이는 사진)도 자주 사용됩니다. 모두가 본문의 내용을 강조하거나 표현을 도와주는 역할을 합니다.

글쓰기를 시작하시는 분들에게 블로그 등에서 쉽게 볼 수 있는 에디터는 매우 유용한 도구입니다. 여러 가지 특수효과를 비롯해서 동영상 등 참고 자료 또한 삽입이 매우 쉽기 때문입니다.

이들 특수효과는 글을 매우 풍성하게 만들어 주는 효과가 있긴 하지만 양날의 검입니다. 양날의 검은 잘 사용하면 무기가 되지만, 잘 못 사용하면 오히려 나에게 치명적인 위험이 될 수 있습니다.

## 왜 특수효과가 양날의 검일까요?

저는 글쓰기 코칭을 받으시는 분들에게 글을 쓸 때는 하얀 도화지 위에서부터 시작하시라고 권합니다. 하얀 도화지는 MS Word 혹은 Google Docs 같은 문서 작성 프로그램을 뜻합니다. 굳이 특정 회사의 프로그램을 지칭하진 않습니다. 그저 문서를 만들 수 있는 문서작성 프로그램이면 됩니다.

이 프로그램들은 그야말로 아무것도 없는 백지에서 글을 작성할 수 있습니다. 물론 폰트, 자간 등 여러 가지 편집이 가능하고, 표나 그림의 삽입도 가능합니다. 하지만 블로그의 에디터에 비교하면 종이정도에 지나지 않습니다. 종이 위에서는 이모티콘이나 동영상 삽입 등 잔재주는 불가능합니다. 그저 텍스트로 이루어진 내용 외에는 아무것도 없습니다.

블로그에 처음 글을 작성하다 보면 아무래도 글에 자신이 없어집니다 글에 자신이 없으니 자신감을 보완해 줄 이모티콘이나 하이퍼링크를 사용하게 됩니다. 아름다운 폰트, 이모티콘, 동영상 등 다양한 특수효과가 넘치는 글이 되면 그제야 뭔가 있어 보여서 안심이 됩니다. 하지만 정작 내용은 몇 줄 되지 않습니다.

그래서 저는 지금도 모든 글의 초안은 문서 작성 프로그램에서 시작합니다. 이 글 역시 그렇습니다. 일단 문서 작성 프로그램에서 그저 텍스트로만 내용을 작성합니다. 이모티콘이나 하이퍼링크는 끼어들기 어렵습니다. 이렇게 글을 작성하면 본질인 내용에 집중하게 됩니다. 물론 어디까지나 글감과 내용이 풍부할 때 이야기이긴 합니다. 글감과 내용을 풍부하게 만드는 방법은 이후의 글에서 설명드리겠습니다.

웹툰작가들도 웹툰을 그리기 전에 대략의 스케치로 그림을 그립니다. 콘티라고 부르는 일종의 설계도입니다. 프로인 그늘도 다양한 특수효과를 반영한 본편을 바로 그리지 않습니다. 하얀 종이에 연필로 대략의 그림을 그리지요. 콘티가 완성된 이후에야 비로소 본편을 그립니다. 그림이 이 정도인데, 오직 텍스트로만 내용을 표현해야 하는 글은 어떨까요? 하얀 도화지에 그림을 그리듯, 글의 초안은 가급적 문서 작성 프로그램을 이용하시기를 권합니다. 내용에 집중하기 위함입니다. 그렇게 글의 초안이 완성되면 블로그 등의 에디터로 옮겨서 적합한 특수효과를 첨가하시기 바랍니다.

## 다. 쓰지 말고, 이야기하세요: 말하기와 글쓰기는 같습니다

우리 주변을 보면 말을 잘하는 사람이 참 많습니다. 모임에서 한 사람씩 번갈아서 발표를 할 때도 의외의 말솜씨로 좌중을 휘어잡는 분들이 계십니다. 평소 말수가 적어서 발표를 잘할 수 있을까 하고 했던 걱정이 참으로 무색합니다.

조직의 회의에서도 말솜씨가 좋으신 분들이 넘쳐납니다. 특히나 위치가 올라갈수록 말하기의 양이 엄청나게 증가하는 분들이 많습니다. 회의의 8할 이상을 혼자 차지하는 리더도 많습니다. 실무자일 때는 듣기 평가하듯 리더의 말에 귀만 기울이더니, 리더가 되니 연설가가 된 듯합니다. 상위리더가 되어갈수록 말하기보다 듣기에 집중해야 하는데요, 이 부분은 리더십에 관한 내용이니 다른 글에서 내용을 말씀드리겠습니다.

전부는 아니지만 이렇게 말솜씨'만' 좋은 분들의 특징이 있는데요, 말하기와 글쓰기가 분리되어 있다는 점입니다. 그들은 그들이 하고 싶은 말을 정리한 '글'이 없습니다. 그저 머리에서 생각한 대로 말이 나오지요. 그래도 말이 끊기지 않고 많은 내용을 전달하는 것도 대단한 능력이긴 합니다만, 치명적인 단점이 있습니다. 그들의 말에는 맥락이 없습니다. 기승전결로 이어지는 논리적인 구조나 서사가 없습니다. 그렇기에 듣는 사람들의 뇌리에는 뭔가 말은 많이 들었는데 무슨 말을 들었는지 전혀 정리가 되지 않는 상황이 발생합니다.

마치 서울에서 부산을 가는데 갑자기 춘천도 들렀다가 전주도 가는 격입니다. 서울에서 경부선을 타고 바로 부산으로 가면 되는데, 가는 도중 경유지가 발생합니다. 아무 이유도 없이 말이지요. 경유지에 도착해서 계획에도 없는 일정을 만듭니다. 원래 목적은 부산으로 가서 꼼장어구이를 먹는 것인데, 가는 길에 갑자기 춘천에 들러 닭갈비를 먹고, 또 전주에 들르더니 비빔밥을 먹습니다. 언젠가는 부산에 도착해서 꼼장어구이를 먹을 수 있겠지만, 언제가 될지는 불확실합니다. 과연 부산에 도착이나 할 수 있을까요?

간혹 모임에서 발표까지는 아니지만, 소감정도를 말하는 데 종이로 미리 내용을 정리해서 말씀하시는 분들이 계십니다. 그분들의 말씀을 잘 들어보면 놀랍게도 구조화되어 있고, 구조 덕분에 듣는 사람들은 더 명확하게 이해할 수 있습니다. 말할 내용에 대해서 미리 글로 작성한 사람과 그렇지 않은 사람은 이렇게 차이가 큽니다.

저는 말하기와 글쓰기는 결국 하나라고 생각합니다. 단지 우리에게 눈과 귀로 동시에 전달되느냐, 눈으로만 전달되느냐 하는 차이가 있을 뿐입니다. 눈과 귀로 동시에 전달할 때는 제스처나 억양, 애드리브 같은 특수효과가 가능하기에 많은 사람들은 글쓰기보다는 말하기를 선호합니다. 하지만 글쓰기는 특수효과를 더하기 어렵습니다. 그저 그림정도지요.

글을 쓰기 어려운 점이 여기에 있습니다. 우리는 말하기와 글쓰기를 별개로 생각합니다. 그래서 글을 쓰려고 하면 시작부터 막힙니다. 말은 쉽게 하는데, 글을 쉽게 시작되지 않습니다. 그래서 청산유수의 말솜씨를 가진 분들도 발표할 내용을 글로 정리해 달라고 하면 매우 어려워하는 경우가 많습니다. 아무런 글솜씨가 없는 제가 수백 편의 글을 써보면서 느낀 점이 하나 있습니다. '글'을 쓰려고 하면 매우 힘들지만, '말'을 하듯이 글을 쓰면 전혀 다르다는 점입니다. 저에게 글쓰기 코칭을 받으시는 분들께 제가 강조하는 원칙이 있습니다.

"글을 쓰지<sup>write</sup> 말고, 이야기<sup>speak</sup>해보세요."

저는 지금 이 글을 쓰면서도 제 앞의 누군가에게 얘기하는 상황을 가정하고 있습니다. 말을 하는 것은 매우 쉽습니다. 그래서 저는 글을 쓸 때 바로 앞의 누군가에게 설명한다는 생각을 합니다. 저의 말에 매우 집중하는 그분을 위해 저는 제가 하고 싶은 말을 천천히 손가락으로 작성할 뿐입니다. 글쓰기는 말하기와 다르거나 어려운 행동이 아닙니다. 그저 표현하는 방식이 약간 다른 한 몸입니다. 글을 쓰지<sup>write</sup> 말고 이야기<sup>speak</sup>하게 되는 순간부터 정말 편하게 이야기<sup>write</sup>를 할 수 있게 됩니다.

## 라. 시작 후, 세 번의 위기를 조심하세요: 누구나 예외 없이 만나게 됩니다

새해 들어서 글을 쓰고자 계획을 하신 분들이 많습니다. 커뮤니티에 작성하는 글 말고 진짜 나의 주제로 나만의 공간에 글을 쌓아보고자 합니다. 통상 블로그나 브런치가 되겠지요. 야심차게 시간을 내어 글을 쓰게 되면 시작부터 위기를 만나게 됩니다. 그리고 두 번째, 세 번째 위기를 만나게 되지요. 보통 이 세 번의 위기를 지나는 동안 대부분 글쓰기를 포기하게 됩니다. 하지만 세 번의 위기를 훌륭하게 극복하고 나면 이후는 순탄하게 글쓰기 여정을 계속할 수 있게 됩니다. 세 번의 위기와 위기를 극복하는 힌트에 대해서 말씀드리겠습니다.

### 첫 번째 위기: 일단 시작이 어렵다

살면서 글을 써보지 않은 분은 없습니다. 어떠한 형태로든 글을 쓰게 됩니다. 기업에서는 보고서, 발표자료가 되겠지요. 개인 생활에서는 자주 가는 커뮤니티와 각종 SNS에 쓰는 글이 있습니다. 우리는 이미 일상에서 많은 글을 쓰고 있습니다. 하지만 막상 글을 쓰려고 하면 갑자기 어려워집니다. 기업에서 보고서를 잘 작성하던 사람도, SNS에 필력이 돋보이는 글을 쓰던 사람도 갑자기 글을 쓰려고 하면 고민하기 시작합니다.

서론/본론/결론을 어떻게 해야 하지? 이 예시가 적절할까? 이 표현이 적합한가? 다른 사람들이 이 글을 보면 문제를 제기하지 않을까? 등등 수많은 질문들이 계속됩니다. 이에 대해서는 앞에서 말씀드린 것처럼 말하듯 글을 쓰게 되면 큰 효과가 있습니다. 일상의 말하기와 글쓰기를 전혀 다른 존재로 인식하게 되면, 즉 글쓰기가 말하기와 다른 특별한 행위라고 생각하게 되면 글쓰기는 매우 어렵습니다. 첫 번째 만나는 이 위기는 일단 글을 써야 극복할 수 있습니다. 말하듯 글쓰기로 한 편의 글을 완성해 보세요.

**두 번째 위기: 사람들의 반응이 없다**

첫 번째 글을 성공하면 서너 편까지는 무리 없이 나아갈 수 있습니다. 한편 이상 글을 발행했다는 뿌듯함도 잠시, 타인들의 반응이 궁금해집니다. 구독까지는 아니더라도 '좋아요!'를 받고 싶은데 조회 수 자체가 절망적입니다. 하루에도 몇 번씩 나의 블로그를 방문해 조회 수를 체크합니다. 하지만 반응은 없습니다.

이는 누구에게나 당연한 현상입니다. 발행 글이 일정 수 이상이 되어야 다른 사람들의 눈에 뜨이기 쉽습니다. 그래서 글쓰기의 초기에는 질보다 양에 집중하는 것이 유리합니다. 동네 맛집도 처음에는 사람들이 발견하는 과정이 필요합니다. 어? 여기 이런 식당이 있었네? 하고 지나가던 사람들이 들렀다가 단골이 되어가지요. 글쓰기의 '좋아요!'도 비슷합니다. 일단 다른 사람들이 발견하기까지 기다려야 합니다. 일단 글의 개수가 두 자릿수가 될 때까지는 전진해야 합니다. 알고리즘 상 꾸준히 발행되는 블로그가 노출이 많은 것이 당연합니다. 그래서 저는 발행글이 두 자릿수가 될 때까지 전진하시기를 부탁드립니다.

이 단계를 저는 '글쓰기 잔근육'을 만드는 시기라고 생각합니다. 이때는 주제에 구애받지 않고 다양한 주제로 마구마구 작성하면 좋습니다. 아직은 글의 주제와 톤 앤 매너 등 방향성에 대해서 고민할 시기는 아니니까요. 여러 편의 글을 발행하다 보면 자연스럽게 방향성이 정립되니 고민할 필요는 전혀 없습니다.

### 세 번째 위기: 글감(재료)이 바닥난다

초반의 막막함과 외로움을 이겨내고 두 자릿수의 글을 발행했습니다. 사람들도 조금씩 나의 글에 반응을 합니다. 구독이나 서로 이웃을 추가한 사람도 생깁니다. 글쓰기에도 탄력이 붙는 것처럼 느껴지는 이 시기에 세 번째 위기가 찾아옵니다. 바로 글감입니다.

저는 '글감의 수주잔고'라고 표현하는데요, 내가 작성해야 할 글감들이 바닥이 나는 시기가 옵니다. 지금까지는 노트북을 펼치고 바로 글을 썼는데, 이제는 어떤 글을 써야 할지 고민을 한참 하게 됩니다. 10분을 고민하고 쓰기 시작했는데, 10분 뒤 뭔가 아니다란 생각이 듭니다. 그래서 다시 글감을 고민하게 됩니다. 하지만, 이미 글쓰기를 한 지 30분이 넘어가게 됩니다. 이미 글쓰기 에너지가 바닥나 갑니다. 그렇게 글쓰기가 어렵게 됩니다.

저도 당연히 이 위기를 겪었습니다. 발행 글이 10편 정도 되었을 때 갑자기 막막해지기 시작했습니다. 더 이상 글감이 없었기 때문이었습니다. 여러 번의 시행착오 끝에 '나만의 글감양식장'을 만들고 지금까지 잘 활용하고 있습니다. 이 부분이 꾸준한 글쓰기의 핵심인데요, 누구나 할 수 있는 양식으로 구성되어 있습니다.

## 마. 글감양식장이란?

이름은 좀 거창한데요, 사실 아주 간단한 양식입니다. 글감양식장이란 이름은 글감이라는 치어를 잡아서 잘 키우면 큰 물고기가 될수 있다는 생각에서 시작되었습니다. 글감이라는 치어(어린 물고기)는 어디서 잡을까요? 바로 우리 주변에 많습니다. 저의 경우, 친구와 대화를 하는중이나 드라마를 보던중에도 갑자기 좋은 생각이 떠오를 때면 바로 핸드폰의 앱에 메모를 합니다. 메모앱은 찾아보면 무료로도 사용할 수 있는 종류가 아주 많습니다.

제가 한창 리더십에 대한 글을 매일매일 포스팅하던 때에는 우연찮게도 주말에 서바이벌 프로그램을 많이 보았습니다. 서바

이벌 종목 중에서도 팀배틀이 벌어질때면 리더의 진면목이 드러날때가 참 많은데요, 그 하나하나가 저의 소중한 소재가 되었습니다. 그렇게 소재라는 물고기를 잡아서 일차로 가두어놓은 핸드폰 앱에서 다시 노트북의 글감양식장 양식으로 옮깁니다. 그렇게 옮긴 소재들을 주로 주말, 카페에서 살들을 붙여서 큰 물고기로 만들었습니다.

예를 하나 들어보겠습니다. 어느날 저는 영화를 보다가 헬리콥터가 나오는 장면을 보게 되었습니다. 헬리콥터는 산에서 도망가는 주인공을 쫓고 있었는데요, 시야가 넓어서 주인공은 결국 잡히게 되었습니다. 헬리콥터를 보고 있자니 저는 문득 리더의 시야는 헬리콥터같지 않을까 하는 생각을 하게 되었습니다. 그래서 얼른 메모앱에 '리더의 헬리콥터 시야'라고 적었습니다. 그리고 주말, 카페에 가서 저는 리더의 헬리콥터 시야라는 소재에 어떻게 살을 붙여볼까 고민을 했고, 몇가지 내용을 추가했습니다. 그렇게 글의 뼈대를 만들고, 그 다음 주 월요일 아침에 뼈대를 가지고 순식간에 한편의 글을 포스팅 할 수 있었습니다.

| 글감 | 글감에 먹이 주기 |
| --- | --- |
| 리더의 헬리콥터 시야 | 1. 리더는 전체를 보아야 한다. |
| | 2. 리더가 계속 땅에만 있으면 절대 산을 볼 수 없다. |
| | 3. 리더는 현미경 시야와 헬리콥터 시야를 모두 가져야 한다. |

아래는 위의 글감과 글감에 먹이를 주어 만든 큰 물고기입니다.

안녕하세요 Kay입니다. 오늘도 저의 초보팀장 시절의 이야기를 드려볼까 합니다.

제가 처음 팀장을 맡았을 때 저는 해당 업무의 실무자를 거치지 않았습니다. 이른바 낙하산(?)이었지요. 보통 해당팀의 팀원이 팀장이 되는 것이 일반적이었지만 여러 가지 사정상 그렇게 하지 못했습니다. 더구나 저는 당시 회사와 관계는 있었지만 철저히 외부에 있는 협력관계였습니다. 즉, 저는 내부자가 아니었습니다.

그러던 제가 갑자기 팀장직을 제안을 받고 덜컥 그 제안에 응하게 되었습니다. 지금 와서 생각해 보면 무슨 '깡'이었나 싶습니다. 기라성 같은 컨설턴트들이 즐비한 곳에 경험과 학력이 부족한 제가 팀장이라니요. 하지만, 앞으로 닥치게 될 어려움을 몰랐기에 기세도 좋게 팀장직 수행을 시작하게 되었습니다.

팀장의 첫 번째 업무는 일의 배분이었습니다. 결코 쉽지 않은 업무였습니다. 예를 들자면 눈으로 보아서는 무게를 전혀 알 수 없는 가방들이 있습니다. 겉으로 보면 절대 어느 가방이 무거운지 가벼운지 알 수 없습니다. 심지어 가방에 따라서는 어깨끈을 장착할 수 없는 가방도 있습니다. 하지만 전혀 알 수가 없습니다. 즉, 그냥 눈으로 보아서는 이 가방이 무거운지도, 만약 무겁다면 어깨끈을 장착할 수 있는지 없는지도 모르는 상황입니다.

저의 상황이 그러했습니다. 제안서를 작성해야 하는 요청건들이 밀려들어 왔습니다. 하지만, 요청문서만 보아서는 이 제안서 작성의 난이도나 소요기간에 대해서 전혀 예측할 수 없었습니다. 저는 해당 업무를 직접 해본 경험자가 아니기에 당연히 '현미경' 시야를 가지고 있지 않았습니다. 당시 부팀장처럼 저를 지원해 준 팀원의 도움이 없었으면 팀은 패닉상태에 빠졌을 것입니다. 또한 이런 저의 상황을 팀원들이 이해해 주었기에 다행히 저의 부족한 시야를 조금이나마 극복할 수 있었습니다.

그런데, 또 하나의 문제가 있었습니다. 저는 '현미경' 시야도 부족했지만, '헬리콥터' 시야도 부족했습니다. 프로젝트 전체를 보면서 고객사의 니즈에 맞는 방향을 고민해야 하는데, 도저히 헬리콥터처럼 위에 올라갈 수가 없었습니다. 프로젝트 전체를 보지 못한 채 일을 해야 했기에 당연히 많은 문제가 생겼지요.

'현미경' 시야와 '헬리콥터' 시야. 팀장이 절대 놓쳐서는 안 되는 가치인데요, 과거의 저에게 메모 전달이 가능하다면 아래와 같이 말해주고 싶습니다.

### 1. 팀장은 기본적으로 '현미경' 시야를 가지고 있어야 합니다.

'현미경' 시야를 가지고 있다는 것은 실무를 잘 알고 있다는 뜻입니다. 팀장이 실무를 모르면 일의 분배부터 진행상황 관리, 성과관리 등 모든 면에서 부족함이 발생하기 쉽습니다. 리더가 된다고 실무를 전혀 신경 쓰지 않게 되면 팀의 기본이 흔들리게 됩니다.

**2. 팀장은 리더이기에 '헬리콥터' 시야를 동시에 가지고 있어야 합니다.**

우리가 잘 아는 속담처럼 각자 다른 곳에서 코끼리를 만지게 되면 혼란이 발생하게 됩니다. 리더는 헬리콥터처럼 높은 곳에서 코끼리의 전체 모습을 파악하고 구성원들에게 일을 배분하고 관리해 주어야 합니다. 실무자들이 프로젝트의 큰 그림까지 볼 수는 없을 테니까요. 실무자들은 주어진 부분에 집중하고 리더는 전체를 아울러야 합니다.

**3. 팀장은 '현미경'과 '헬리콥터' 시야를 균형 있게 사용해야 합니다.**

'현미경'에만 집착하고 '헬리콥터'를 등한시하면 마이크로 매니징이 발생하게 됩니다. 이런 분들은 "내가 과장 때 이 업무 해봐서 잘 알아."란 말을 자주 하지요. 반대로, '헬리콥터'에만 집착하고 '현미경'을 등한시하게 되면 팀과 팀의 성과관리에 문제가 발생하게 됩니다. 이런 분들은 "내가 이런 사소한 일까지 신경 써야 하나?"란 말을 자주 합니다. 팀장은 상황에 따라서 두 개의 시야 사이를 빠르게 왕복해야 합니다.

'현미경'과 '헬리콥터'. 둘 다 어렵습니다. 어렵기에 팀장은 끊임없이 학습해야 합니다. 실무와 관련된 전문지식은 물론이고, 큰 그림을 보는 훈련도 꾸준히 해야 하지요.

돌이켜보면 왜 임원, 팀장들이 아침 일찍부터 나와서 신문을 쌓아놓고 열독 하는지 이제야 느끼게 됩니다. 그들은 그렇게 세상을 크게 보는 훈련을 하면서도 실무자들이 결재서류를 올리면 관련내용을 자세히 설명해 달라고 하면서 학생 같은 자세로 배우기도 하셨지요.

오늘도 끊임없이 학습하시는 팀장님들을 응원합니다.

감사합니다.

(브런치 2023. 9. 19.)

## 바. 계획대로 되는 건 없다

우리는 평소에 많은 계획을 합니다. 개인적 계획도 있고, 조직에는 사업계획도 있습니다. 저는 주니어 때 대기업의 전사 사업목표 수립과 실적 관리 업무를 담당했었습니다. 각 현장별, 사업부별로 한해의 사업목표와 매달의 실적을 비교하며 분석자료를 만들었습니다. 사업목표란 어디까지나 '추정'입니다. 그래서 목표대로 달성하기는 매우 어렵습니다. 언제나 예상하지 못한 변수가 발생하기 때문입니다. 결국 목표달성은 상상 속의 동물 '기린'이라고 생각하기 쉽습니다. 실제로 본 적이 없기 때문입니다. 그래서 우리는 생각합니다.

## 계획대로 되는 건 없다

비슷한 말을 핵주먹 마이크 타이슨도 했습니다.

누구나 그럴싸한 계획을 가지고 있다. 쳐맞기 전까지는.
(Everyone has a plan until they get punched in the mouth.)

그런데, 계획대로 되는 건 없는 것이 반드시 부정적인 경우만 있진 않습니다. 정말로 예상하지 못했던 변수의 발생으로 일이 잘 풀리기도 합니다. '호재'라고 표현하기도 합니다. 철근을 구매할 때 실수로 잘못된 숫자를 입력하는 바람에 필요량의 몇 배를 주문해 버렸습니다. 취소는 불가하기에 울며 겨자 먹기로 철근을 구매할 수밖에 없었습니다. 그런데, 인수 시점 세계적으로 철강의 주요 수출국가에서 내전이 발발해 전 세계적으로 철근 품귀 현상이 발생했습니다. 하지만, 이미 필요량의 몇 배에 이르는 수량의 철근이 선적된 이후라 리스크를 피해 간 것은 물론 철근 재판매를 통해 엄청난 수익을 거두었습니다. 제가 꾸며낸 이야기이지만, 충분히 개연성 있지 않나요? (제가 건설업에서만 15년 이상을 일하다 보니 예시에 한계가 있음을 양해 부탁드립니다.)

글을 쓸 때도 비슷합니다. 좋은 주제를 발견하고 나름 밑그림도 잘 그렸습니다. 그래서 기분 좋게 글쓰기를 시작했지만, 생각지도 못한 변수로 인해 글쓰기는 답보에 빠지게 됩니다. 마이크 타이슨의 말처럼 그럴싸한 계획을 세웠지만, 턱에 강한 펀치를 맞았습니다. 이런 펀치를 몇 번 맞으면 쓰러지고, 경기를 포기하거나 패배하게 됩니다. 몇 번 패배하다 보면 결국은 글쓰기를 멀리하게 됩니다. 이전의 글에서 말씀드렸던 이런 패배들이 글쓰기 초반에 만나게 되는 세 번의 위기입니다. 강한 펀치를 맞았을 때는 어떻게 해야 할까요?

## 어쩌다 보니

저의 답은 '어쩌다 보니'입니다. 약간의 억지일 수 있겠지만, 강력한 펀치를 맞아도 일단 글쓰기를 계속해서 한 편의 글을 완결해야 합니다. 계획대로 되진 않았지만, 일단 쓰다 보면 생각지도 못한 또 다른 변수가 생기기 마련입니다. 그 변수가 나의 글을 살릴 수 있습니다. 제가 글쓰기에 관한 글쓰기 첫 편을 쓸 때는 한두 편 정도로 생각했었습니다. 하지만 '어쩌다 보니' 생각지도 못한 글감들이 계속해서 저의 머릿속에 떠올랐습니다. 그래서 두 번의 위기를 넘어 지금은 300편 이상의 글을 포스팅 할 수 있었습니다.

계획대로 되는 건 없지만, 나에게 안 좋은 변수만 생기지는 않습니다. 그래서 글쓰기를 포기하지 않는 한 '어쩌다 보니' 글을 완성할 수 있습니다. 타이슨의 핵펀치를 맞더라도 일단 버티고 경기를 하다 보면 나에게도 회심의 한방을 날릴 수 있는 기회가 찾아옵니다.

사실 이 챕터의 글도 처음의 계획은 이렇지 않았습니다. 마이크 타이슨의 예시도, 철근의 예시도 계획에는 있지도 않았습니다. 글을 일단 쓰고 '어쩌다 보니' 완결하게 되었습니다. 저는 글쓰기만 이렇게 않다고 생각합니다. 다른 모든 일도 일단 움직이면 뭔가 이루어지지 않을까요?

## 사. 눈사람 이야기를 먼저 해야 하는 이유

이 글을 읽으시는 분들 중에 학창 시절을 겪어 보지 않은 분은 안 계시겠지요. 학창 시절을 생각해 보면 공부는 왜 그리 재미없던지요. 공부는 언제나 어렵고 재미없는 존재였습니다. 간혹 공부 자체에 큰 재미를 느끼는 친구들도 있었지만, 이미 그들은 인간계에 사는 존재는 아니었습니다.

### 왜 공부가 재미없었을까요?

여러 가지 이유가 있겠지만, 이 글의 주제인 글쓰기와 연관된

이유를 하나 말씀드리겠습니다. 바로 이야기입니다.(Storytelling)

공부와 이야기는 어떤 상관이 있을까요? 교과서는 지식 전달을 우선으로 합니다. 그렇기 때문에 사실에 기반한 내용들로 가득합니다. 물이 끓는 온도는 100도이며, 수요곡선과 공급곡선이 만나는 점에서 가격이 결정됩니다. 임진왜란은 1592년에 발생했으며, 제2차 세계대전은 1939년에 발생했습니다.

우리는 학창 시절, 이 내용들을 배웠습니다. 물론 각 내용들은 논리와 사실에 기반하기에 절대 거짓은 아닙니다. 세상을 살아가기에 필수적인 지식이었음에도 재미가 없었던 이유를 저는 이렇게 생각합니다.

**교과서의 지식에는 이야기가 없습니다.**

호모 루덴스Homo Ludens(유희의 인간)이라는 개념이 있을 정도로 인간은 재미, 유희를 추구합니다. 특히 이야기에서 인간은 재미를 느낍니다. 왜 우리는 어렸을 때 그렇게 옛날이야기를 좋아했을까요? 같은 내용을 다루지만, 사건의 나열을 딱딱하게 다룬 역사교과서보다 만화로 그린 역사책이 왜 더 재미있었을까요? 인간의 본성에 관한 얘기라 조금 조심스럽긴 합니다만, 우리의 주변을 둘러보아도 인간은 재미를 추구하는 존재임은 이론의 여지가 없습니다.

글을 쓰는 목적은 여러 가지입니다. 사실의 전달, 타인을 대상으로 한 설득, 주장 등 여러 가지 목적이 있습니다. 하지만 이런 글이 목적에 해당하는 내용만 있는 글이라면 억지로 읽을 사람은 없을 것입니다. 먼저 관심을 끌어야 글을 읽을 텐데요, 재미있어 보인다면 사람들은 기꺼이 글을 읽습니다. 재미라고 해서 우스갯소리를 말하는 것은 아닙니다. 이야기가 있을 때 사람은 재미를 느낍니다.

그래서 저는 글에는 이야기가 있어야 한다는 말을 하고 싶어서 서두에 학창 시절에 공부가 재미없었던 이야기로 시작을 한 것입니다. 물론 흥미진진한 그런 이야기는 아니지만, 제가 서두부터 이야기의 힘이 중요하다는 주장을 하면서도 이야기를 섞지 않았더라면 아무도 이 글을 읽지 않았을 겁니다.

각자 집 앞의 눈을 쓸어야 한다는 주장을 하기 전, 눈사람에 얽힌 에피소드로 시작한다면 사람들의 관심을 끌뿐더러 설득에도 유리하지 않을까요?


## 아. 보드게임, 좋아하세요?


혹시 보드게임을 좋아하시나요? 어렸을 때 참으로 많이 해 보았던 기억들은 누구나 가지고 있을 것입니다. 간단한 카드게임부터, 주사위 보드게임 등 우리 주변을 둘러보면 다양한 보드게임이 있습니다. 특히나 아이가 있는 집이라면 필수적으로 가지고 있어야 할 이른바 '국민' 보드게임도 많습니다.

저 역시 다른 집과 다르지 않게 아이와 같이 놀 수 있는 보드게임을 여러 개 구입했는데요, 어느새 보드게임의 매력에 푹 빠지게 되었습니다. 특히 당시는 게이미피케이션Gamification(게임의 요소를 비게임 분야에 적용하는 것. 게임化)에 많은 사람들이 관심이 있던 터라 저 역시 게이미피케이션의 세계에 쉽게 입문할 수 있었습니다.

보드게임에 대해서 몰입해서 파고 들어가다 보니 우리나라에서 가장 유명한 보드게임 작가님의 강의까지 듣게 되었습니다. 그분의 강의를 듣고 많은 것을 배울 수 있었습니다. 국내에 발매되지 않은 보드게임을 직구하기도 하고, 제가 직접 아이를 위한 보드게임을 만들기에도 도전해 보았습니다. 벌써 10년이 다되어 가지만 아직도 저의 클라우드에 당시 자작자료들이 남아 있습니다. 당시의 경험을 토대로 브런치에 보드게임 자작에 관한 시리즈를 작성하기도 하였습니다. 물론 현업에 바쁘다 보니 몇 개월이 지나 흐지부지 되긴 하였지만, 지금도 보드게임에 대한 열정은 잊지 않고 있습니다.

보드게임에 대해서 공부하다 보니 흥미로운 사실을 하나 알게 되었습니다. 게임 즉, 우리가 재미를 느끼는 구조는 40여 개 정도로 한정되어 있다는 것이었습니다. 예를 들어 주사위 굴리기Dice

Rolling, 카드 뽑기card drafting 등 지극히 간단한 구조부터 영토 정복 territory building 같은 어려운 구조까지 이미 검증(?)이 되어 있었습니다. 우리가 즐기는 보드게임부터 온라인게임도 잘 살펴보면 재미의 구조들이 서로 어우러져 있었습니다. 즉, 사람이 재미를 느끼는 요소는 이미 검증이 되어 있고, 모든 게임은 이 요소들을 기반으로 만든 것이었죠. 이 요소들에 어떤 컴포넌트(캐릭터, 도구 등)를 어떤 서사(이야기, 줄거리)로 입히느냐가 차별점입니다.

이 정도까지 공부하자, 고등학교 문학시간에 배웠던 내용들이 생각났습니다. 영웅서사에 관한 내용이었는데요, 국가/시대/지역을 막론하고 영웅서사는 대부분 비슷한 구조를 가집니다.


**고귀한 핏줄 - 상서롭지만 기이한 탄생 - 어린 시절의 탄압 - 도망과 방 랑의 시간 - 귀인과의 만남 - 원수와의 결투 - 승리 및 해피엔딩**


다들 익숙하신 구조입니다. 동서양을 막론하고 대부분 비슷한 구조를 가지고 있고, 현시대의 많은 영화에서도 흔히 볼 수 있지요. 이미 재미가 검증된 구조이기 때문에 지금까지도 많은 이야기의 기본 구조로 사용되고 있습니다.

보드게임, 영웅서사 이야기가 글쓰기와 무슨 관계일까요? 말하기와 글쓰기가 다른 점은 구조에 있다고 생각합니다. 말은 많이 하지만 이해하기 어려운 사람들의 특징은 구조 없이 입에서 나오는 대로 말하기 때문입니다. 적어도 본인이 하고 싶은 말을 개요라도 종이에 작성한 사람은 다릅니다.

글도 말하기와 비슷합니다. 글은 글인데 이해하기 어려운 글들이 있습니다. 글쓴이의 의식 혹은 손 가는 대로 마구잡이로 작성한 글입니다. 보드게임의 재미요소나 영웅서사처럼 타인이 이해하기 쉬운 구조들을 우리는 이미 학창 시절에 배웠습니다. 기승전결, 수미상관, 도치법 등 이미 사람들에게 검증된 구조들이 있습니다. 우리는 글쓰기에 이 구조들을 활용해야 합니다.

코스요리는 우리가 가장 맛있게 먹을 수 있는 순서대로 음식이 나옵니다. 글 역시 타인이 가장 이해하기 쉽도독 내용을 배치하는 것이 중요합니다. 특별한 문학작품이 아닌 이상, 이미 사람들에게 검증되어 이해하기 쉬운 구조를 활용하는 것이 유리합니다. 코스요리의 시작부터 메인 요리가 나온다면 다른 요리들은 어떻게 될까요?


## 자. 측정할 수 있다면 꾸준할 수 있습니다

앞 챕터의 글들은 평범한 일반인에 불과한 제가 3년이 넘도록 꾸준히 글을 써온 경험을 바탕으로 작성하였습니다. 글을 쓰시고 싶은 많은 분들께서 저처럼 글쓰기를 일상의 루틴으로 만드는데 도움을 드릴 수 있으면 좋겠다는 생각으로 시작하였습니다. 일상의 바쁨에 하루 한 시간도 글쓰기에 몰입할 여유가 없는 일반인들에게 분명히 작은 도움이 될 수 있으리라 믿습니다.

꾸준함의 비결을 경영학의 구루 '피터 드러커' 교수님의 말씀으로 대신하고 싶습니다.

"측정할 수 없으면 관리할 수 없고, 관리할 수 없으면 개선할 수 없다."

주로 성과관리 영역에서 많은 분들이 인용하는 문구입니다. 성과를 측정할 수 있어야 관리와 개선이 가능하지요. 그런데 성과를 측정하기 위해서는 성과의 의미와 기준, 목표를 제대로 정립하고 설정하기 않고서는 불가능합니다. 측정하기 가장 쉬운 수단은 숫자입니다. 그래서 계량화는 모든 영역에서 아주 중요합니다. 이 성과관리 방법은 글쓰기에도 동일하게 적용할 수 있습니다.

지금까지 써온 글들을 측정할 수 있다면, 꾸준하게 글을 쓸 수 있습니다. 측정이란 표현을 사용했지만, 대단한 의미는 아닙니다. 다음 질문에 대해서 생각해 보세요.

당신은 지금까지 어떤 글들을 써왔습니까?

지금까지 어떤 글들을 발행했는지 확인하는 방법은 블로그의 발행내역을 살펴보면 됩니다. 하지만, 점차 나의 글들이 쌓이고, 다른 곳에도 글을 쓰게 되면 단순하게 블로그의 발행내역을 보는 것만으로는 나의 글들을 측정하고 관리하기 어렵습니다.

제가 사용하는 방법을 소개합니다. 저는 Google Sheets에 저의 글 발행 내역을 정리합니다. 발행일과 제목, 그리고 브런치의 URL을 기록했습니다. 카테고리의 경우, 처음부터 작성하지는 않았습니다. 그런데 글을 연재하거나 기고하는 곳 여러 군데가 되니 측정과 관리가 필요해서 나중에 추가하였습니다. 이렇게 관리를 시작하니, 많은 것을 알게 되었습니다. 글쓰기 패턴이나 주제들을 한눈에 보게 되니 개선할 방향과 앞으로의 계획 수립에 많은 도움이 되었습니다. 단순한 표의 작성이 저의 글쓰기에 날개를 달아 주었습니다. 그래서 저는 2023년 하반기 글 100 프로젝트에 도전하게 되었습니다. 말 그대로 글 100개를 매일매일 발행하는 챌린지였습니다. 목표달성에는 조금 부족했지만, 2023년 하반기 5개월 동안 하루 0.9편의 글을 발행해서 100편을 달성하였습니다. 아래의 그림은 실제로 제가 관리하는 '지식자본 관리현황'이란 이름의 글쓰기 관리 양식입니다. 단순하죠?

| 순 | 카테고리 | 발행일 | 제목/주요 내용 | 발행 URL |
|---|---|---|---|---|
| 1 | 브런치 | 2023-02-12 | 영화 대부를 아시나요 | https://brunch.co.kr/@beast112/94 |
| 2 | 브런치 | 2023-02-13 | 친구는 가까이. 적은? | https://brunch.co.kr/@beast112/95 |
| 3 | 브런치 | 2023-02-13 | 적을 미워하지 않으면? | https://brunch.co.kr/@beast112/96 |
| 4 | 브런치 | 2023-02-14 | 노동집약의 의미가 달라진다 | https://brunch.co.kr/@beast112/97 |
| 5 | 브런치 | 2023-02-15 | 수평조직과 수직조직 | https://brunch.co.kr/@beast112/98 |

단순한 양식이지만, 그 위력은 막강합니다. 저는 이 양식의 도움을 많이 받았습니다. 제가 글쓰기 코칭을 해드렸던 분들께도 이 양식을 공유드렸습니다. 양식을 이용해 보시고, 각자의 글쓰기 루틴에 적합한 양식을 새로 만드시도록 안내를 드렸지요.

글쓰기 하나에 이렇게까지 유난을 떨어야 하나 할 수도 있습니다. 하지만, 글쓰기를 습관으로 만드시고 싶은 분들은 꼭 실행하셨으면 좋겠습니다. 글쓰기가 일상의 루틴이 되면 그때는 굳이 필요가 없겠지만, 루틴에 이르는 길에는 정말 훌륭한 셸파가 되어 줄 것입니다.

## 차. 나만의 구조를 만드는 방법

제가 한참 보드게임에 빠져있던 시절, 유명한 보드게임 작가님의 강의를 들을 기회가 있었습니다. 보드게임에 관한 많은 설명을 듣다가 엄청난 사실을 알게 되었습니다. 바로 보드게임의 재미를 만들어주는 재미요소(메커니즘)에 관해서 작가님께서 말씀하셨지요.

"이제 더 이상의 새로운 메커니즘은 없습니다. 다 예전에 있던 메커니즘을 활용합니다."

더 이상 새로운 메커니즘이 없다고? 놀라운 사실이었습니다. 심지어 현존하는 메커니즘도 몇십 가지에 지나지 않았습니다. 모두 과거에 검증된 한정된 메커니즘으로 새로운 게임을 만들 뿐이었습니다.

얼마 전, 글의 구조에 대해서 말씀드릴 때 이 메커니즘에 대해서 말씀드렸습니다. 메커니즘 즉, 이 재미요소들은 '주사위 굴리기', '영토 빼앗기' 등인데요, 인간이 재미를 느끼는 요소들은 이미 검증되어 있습니다. 그래서 현대의 모든 게임도 이미 검증된 재미요소를 조합해서 만들게 됩니다. 놀라운 사실은 검증된 재미요소는 수십 가지에 불과하다는 점입니다. 더 이상 새로운 재미 요소는 없습니다.

글도 비슷합니다. 인간이 재미를 느끼는 구조들은 이미 검증되어 있습니다. 제가 예시로 들었던 영웅서사는 문명, 국가가 달라도 비슷한 구조를 가지고 있는 수십, 수백 개의 이야기가 존재합니다. 큰 틀에서 살펴보자면 만화 '드래곤볼'도 비슷한 구조를 가지고 있습니다. :-) 이미 검증된 구조는 세월이 지나도 독자들의 흥미와 재미를 불러일으킵니다.

영웅서사를 비롯해서 우리는 이미 많은 구조들을 알고 있습니다. 액자형 이야기 구조, 회상과 현실의 배치 등 큰 구조에서부터 도치법 등 작은 구조까지 다양한 구조가 존재합니다. 문제는 이 구조들을 어떻게 글에 적용을 하는가입니다.

앞 챕터에서도 말씀드렸는데, 2023년 하반기 저는 글 100 프로젝트를 시작했습니다. 지금 생각해도 어떻게 그럴 수 있었나 할 정도로 거의 매일 아침마다 한 편의 글을 발행했습니다. 좋을 글을 쓸 자신이 없어서 일단 양으로 승부해 보자란 마음이었습니다. 그렇게 매일매일 글을 발행했습니다. 브런치와 링크드인에 동시 연재를 했습니다.

그렇게 매일매일 글을 발행하다 보니 몇몇 분들께서 저를 응원해 주시고 많은 피드백을 주셨습니다. 오늘 글에서의 어느 부분이 좋았어요, 혹은 이 부분은 이렇게 하면 더 좋겠어요. 이러한 피드백은 저에게 많은 도움이 되었습니다. 그분들의 피드백을 받아 저는 저만의 구조를 갖추기 시작했습니다.

저는 주로 리더십에 관한 글을 쓰는데요, 어느새인가 글을 전개하는 저만의 구조가 생기기 시작했습니다. 물론 많은 분들의 피드백을 바탕으로 만든 구조였습니다. 그렇게 구조가 정립되고 나니 글쓰기가 더 쉬워졌음은 물론 글감을 모으기도 한층 쉬워졌습니다. 글감 모으기에 관한 내용은 곧 작성하게 될 '나만의 글감 양식장 만들기' 편에서 말씀드리겠습니다.

글의 재미를 느끼게 해주는 검증된 구조들은 이미 우리 주변에 있습니다. 우리는 그 구조들을 나의 이야기에 맞추어 취사선택하기만 하면 됩니다. 나의 글을 읽어주시는 분늘의 피드백이 소중한 선택 가이드가 되어 줄 것입니다.


## 카. 꾸준히 글을 쓰면 좋은 점 세 가지


우리 속담에도 구슬이 서 말이라도 꿰어야 보배라는 말이 있습니다. 어렸을 때부터 너무나도 쉽게 사용했던 속담이었지만, 그 속담의 주인공이 제가 되리라고는 생각지도 못했습니다. 매일매일 구슬을 꿰다 보니 느끼는 좋은 점을 적어 봅니다.

**1. 쌓이는 글에서 성공경험을 느낄 수 있습니다.**

고기도 먹어본 사람이 잘 먹는다고 하지요. 공부도 상위권에 들었을 때의 성취감과 칭찬을 느껴본 사람이 계속해서 잘한다고 합니다. 즉, 사람에게는 성공경험이 아주 중요합니다. 악기나 외국어의 경우에도 하나를 마스터한 사람은 '쉽게' 다른 악기나 언어를 배웁니다. 원래부터 알아서 쉽게 배우는 것일까요? 이미 도전해서 성공해 본 역사를 가지고 있기에 또 다른 도전을 할 수 있는 것이라고 생각합니다. 매일매일 쌓이는 글이 저에게는 하나하나의 소중한 성공경험입니다. 그리고, 이 성공경험은 다른 일을 할 때도 저에게 엄청난 힘이 되어 줍니다.

**2. 내가 무엇을 잘할 수 있을지 가늠해 볼 수 있습니다.**

사실 전 40대 중반의 나이에도 불구하고 무엇을 좋아하고 무엇을 잘할 수 있는지 잘 알지 못했습니다. 가만히 생각해 보면 그동안 제가 좋아했다고 생각했던 것은 타인의 시선이나 입장이 많았습니다. 그러다 보니 제가 정말로 나이 들어서도 계속하고 싶은 일이 무엇인지, 어떤 일에서 행복을 느낄 수 있을지는 잘 모릅니다. 하지만, 글을 쓰다 보니 어느새 제가 바라고 행복한 일이 무엇인지 조금씩 보이기 시작했습니다. 글은 결국 생각인데요, 제가 하루 종일 무엇을 생각하고 있는지, 무엇을 생각할 때 행복한지를 제가 쓴 글에서 볼 수 있었으니까요.

### 3. '넌 누구냐?'에 대답할 수 있습니다.

명함의 회사 이름을 제외하고 나를 설명할 수 있을까요? 그리고, 명사가 아닌 형용사나 동사로 나를 나타낼 수 있을까요? 어느 회사의 누구, 직함이나 직책으로 나를 설명할 수 있지만, 절대 내 것이 아닙니다. 나는 단지 그 자리에 잠시 있는 사람일 뿐이니까요. 정말로 나를 설명하기 위해서는 내가 무엇을 좋아하고 무엇을 하는 사람인지 말할 수 있어야 합니다. 그것은 명함 한 장으로는 나타낼 수 없습니다. 저도 그런 고민을 언제나 했었는데요, 이제는 저의 글들로 저를 설명할 수 있게 되었습니다. 어느 회사에서 어떤 직책을 맡고 있는 그 누군가가 아니라, 어떤 일을 하는 누구로 말이지요

### 타. 기록이 쌓이면 뭐든 된다

글쓰기를 처음 시작할 때는 상당히 두려웠습니다. 두렵다는 것도 몰랐다고 해야 할까요? 글 쓰는 것이 무슨 소용이 있을까? 나에게 무엇을 가져다줄까? 시간낭비 아닐까? 차라리 그 시간에 술 한잔 하는 게 좋지 않을까? 그리고 내가 전문 작가도 아닌데 글을 잘 쓸 수 있을까?

의문은 꼬리에 꼬리를 물고 저의 머릿속을 맴돌았습니다. 하

지만, 저는 용기를 내었고 일단 시작을 했습니다. '일단 뭐든지 해보자.' 저는 저의 브런치에 새롭게 매거진 하나를 만들었습니다. 이름은 '일단 그냥 해 Just Do IT'입니다. 그리고 일단 시작했습니다. 그렇게 계속해서 저의 글을 쌓아가고 있을 때 갑자기 제 눈에 들어온 문구가 있었습니다.

"기록이 쌓이면 뭐든 된다."

2023년 네이버 블로그 20주년을 맞아 앱 시작 시 이 문구가 나타났는데요, 정말 많은 것을 함축하고 있는 말이라고 생각합니다. 그리고 지난 2년여의 시간을 보낸 저를 가장 잘 표현한 말이기도 하고요. 여기에 또 하나가 있습니다.

"You can make anything by writing."

나니아 연대기의 작가인 C.S. Lewis의 말인데요. 바로 브런치의 캣치프레이즈이기도 하죠. 사실 이 한마디는 지금으로부터 7년 전 제가 브런치를 시작하게 된 계기이기도 합니다.

용기를 가지고 시작을 하였으나, 쉽지 않았습니다. 용기라는 가치는 아주 소중합니다만, 여기에 행동을 계속할 수 있게 도와주는 꾸준함이라는 가치가 함께할 때 엄청난 시너지가 일어난다고 생각합니다.

꾸준함의 가치는 사실 잘 생각하지 않고 지나치기 쉽지만, '시작은 미약하였으나 끝은 창대하리라.'에서 시작과 끝 사이에는 꾸준함이라는 단어가 숨어있다고 봅니다. 일단 꾸준하게 뭔가를 쌓으면 정말 뭐든 이루어진다고 생각합니다. 그리고, 그 '뭐든'이 실제로 저에게 일어났습니다. 오늘도 저는 꾸준함을 실천하였고, 그 실천에 대해서 작은 성취감을 느낍니다.


## 파. 사람들은 나의 글을 읽지 않는다


제목에서 지금까지 해온 이야기들과 매우 이율배반적인 제목입니다. 매우 도발적이기까지 합니다. 지금까지 꾸준한 글쓰기를 위한 저의 생각들을 말씀드렸는데요, 그럼에도 불구하고 글을 쓰기 두려워하시는 분들이 많을 것입니다. 너무나도 당연합니다. 수백편의 글을 포스팅한 저 역시 글쓰기가 두려우니까요.

하지만 다른 한편으로는 저의 두려움을 극복하게 해주는 말이 있습니다. 바로 제목처럼 사람들은 나의 글을 읽지 않는다는 점입니다. 실은 읽지 않는다기 보다 기억을 못한다가 더 정확한 표현입니다. 당장 저조차도 출근길이나 화장실에 커뮤니티의 수많은 글들을 읽었지만, 몇시간 지나지 않았는데도 전혀 기억이 나지 않습니다. 읽는 순간 그때뿐이었지요. 그래서 저는 글쓰기를 두려워하시는 분들에게 이렇게 말씀드립니다.

사람들은 어제 점심에 뭐 먹었는지도 기억하지 못합니다.

그래도 아직은 제가 지금까지 해온 이야기와 상반됩니다. 사람들이 기억하지 못하는데도 글을 계속 써야 하는가? 하고 말입니다. 여기에 글쓰기의 중요한 원칙을 다시 말씀드립니다. 바로 '꾸준함'입니다. 사람들은 어제 점심에 뭐 먹었는지 기억하진 못하지만, '먹었다.'는 사실은 기억합니다. 글쓰기도 이와 같습니다. 어떤이가 작성한 글 자체는 기억을 하지 못하지만, 특정 주제에 대해서 꾸준하게 글을 쓴다는 사실은 기억하게 됩니다. 기억은 당연히 망각되지만, 대략의 형체나 틀은 기억에 남기 마련이죠. 그래서 저는 글쓰기를 두려워하시는 분들에게 이렇게 말씀드리고 싶습니다.

당신의 글은 사람들이 기억하지 못하지만, 당신이라는 사람이 꾸준하게 특정 주제에 글을 쓴다는 사실은 반드시 기억합니다.

저의 경우, 리더십이라는 특정주제로 반년 이상 포스팅을 하다보니 사람들에게 '리더십=김우재'란 공식을 자연스럽게 심어

주었던 것 같습니다. 물론 저보다 더 전문가는 많지만, 포스팅의 빈도와 양은 그 누구보다도 자신있었습니다. 그 덕분에 리더십 콘텐츠로 고민하시던 분들이 저를 떠올리고 연락을 주셨고, 저는 그렇게 새로운 기회를 만나게 되었습니다.

## 하. 일단 시작하세요! Just do it!

방송에서 매우 인상깊게 보았던 두분의 이야기를 할까 합니다.

### 첫 번째 이야기: 오은영 박사님

이 분을 모르는 분은 안 계시겠죠? 어느 연예인이 방송에 나와서 본인의 이야기를 합니다. 컴백을 하고 싶었는데, 신인들의 실력이 너무 좋아서 내가 할 수 있을까? 하는 생각에 쉽게 실행하지 못했다고 고백을 합니다. 이에 오박사 님께서는 완벽주의자들의 특징이라고 말씀하시지요.

100만큼 해내지 못하면 99도 0과 같다.

즉, 완벽주의자들은 100만큼 못해낼 바에는 쉽게 포기합니다. 완벽의 기준이 명확하기에 기준에 미치지 못하면 가치가 없다고 생각하는 것입니다. 그래서 잘하지 못할 바에는 시작도 하지 않는 경우도 많습니다. 주변사람들이 보기에 아무 시도도 하지 않는 게으름뱅이처럼 보이기 쉽습니다.

### 두번째 이야기 : 이연복 쉐프님

당연히 이 분도 국민셰프라고 해도 과언이 아닌 분입니다. 이 분은 다양한 요리 프로그램에 출연하셔서 많은 요리를 선보이시는데요, 어느 방송에서 아낌없이 레시피를 공개하는 모습을 보고 한 출연자가 질문을 합니다. 그렇게 본인만의 레시피를 공개해도 괜찮은지 말이지요. 이 질문에 그분은 담담하면서도 단호하게 답을 하십니다.

"따라 하는 사람이나 하지, 게으른 사람은 또 안하게 돼요."

우리 주변에는 대가들의 레시피가 넘쳐나지만, 정작 실제로 따라 하고 행동에 옮기는 사람은 많지 않습니다. 너무 레시피가 흔해서 일까요? 마음만 먹으면 금방 할 수 있다고 생각하는 것일까요? 이 두 가지 이야기의 핵심은 무엇일까요? 제가 오늘 여러분들께 말씀드리고 싶은 키워드는 아주 간단합니다. 바로 '시작'입니다.

우리는 이제 잘 알고 있습니다. 마음만 먹으면 잘할 수 있지만,

'마음'을 먹는다는 것이 얼마나 어려운 것인지요. 잠깐의 인터넷 검색만으로 엄청난 자료가 나옵니다. 서점에 가면 그 이상의 가치 있는 내용들을 찾아볼 수 있습니다. 그런데 왜 우리는 쉽게 실행하지 못할까요? 바로 시작을 두려워하기 때문입니다. 잘하지 못할 바에야 안 하는 게 낫지. 내가 과연 잘할 수 있을까? 이러한 걱정들이 우리를 시작하지 못하게 합니다. 시작이 없으면 아무 것도 없습니다. 오늘부터 작은 것부터 조금씩 시작을 해 나갔으면 좋겠습니다.

Just Do It!!! 일단 시작하세요!!!


## 갸. 속도에 관한 이야기


글쓰기는 점점 저의 에너지이자 즐거움으로 변해가기 시작하던시기의 이야기입니다. 주변의 모든 것이 소재였기에 한층 더 날카로운 눈으로 관찰을 하게 되었습니다. 업무에도 상당한 도움이 되었습니다. 저는 HR LEAD 업무를 하고 있었기에 HR과 관련된 많은 시나리오를 가정하고 그에 대한 해결책도 고민하게 되었으니까요. HR을 하다보면 생각지도 못한 상황도 많이 발생하고, 정답이 없는 경우도 많습니다. 사람과 사람사이를 오가며 외교를 펼쳐야 할때도 많습니다. 하지만, 끊임없는 시나리오 설정과 고민을 하면서 실제 상황 발생시에도 당황하지 않고 해결에 임하는 자신감도 생겼습니다.

하지만, 사람이면 누구나 작심삼일(作心三日)의 함정에 빠지기 쉽지요. 또한 3과 10의 법칙처럼 저의 루틴을 지속하는 날이 거의 3의 배수가 될때마다 위기가 찾아왔습니다.

위기의 원인은 '속도'였습니다.

당시 제 기준으로 한편의 글을 쓰기 위해서는 약 한 시간에서 한 시간 반이 소요되었습니다. 미리 생각한 주제들 중에서 하나를 고르고 난 후 글을 쓰기 시작한 순간부터 그정도의 시간이 소요되었습니다. 글을 쓰다보면 제가 생각한 방향과는 전혀 다르게 펼쳐지는 일은 다반사였고, 용두사미는 일상이었습니다. 심지어 '과연 이런 글이 어떤 도움이 될 수 있을까?'라는 생각에 빠지기도 쉬웠습니다. 한 시간 동안 글을 쓰면서도 머릿속에서는 이런 생각들이 끊임없이 떠올랐죠.

머릿속에서 생각하는 것과 글로 표현하는 것은 전혀 다른 세계였습니다. 마치 머리속으로는 멋진 옷을 상상하기는 쉽지만, 재봉틀과 옷감을 가지고 옷을 만드는 것과 같았습니다. 모니터의 하얀 화면속에서 제가 입력하는 검은 문자들을 저의 생각에 맞게 정렬하는 것이 이리도 힘들 줄은 몰랐습니다. 힘든 만큼 속도가 느려지고, 속도가 느려지는 만큼 어렵고 재미도 느끼기 어려울 때가 많았습니다.

이런 저의 상황을 공감해 주고, 힘을 주는 그림을 우연히 보게 되었습니다. 정말 단순한 그림이지만, 이 그림을 보자마자 눈물이 날 뻔했습니다. 저는 지금 육면체를 힘겹게 굴리고 있는 단계였습니다. 한 면 한 면 굴리기가 쉽지 않습니다. 그런데 매일매일 굴릴수록 육면체는 점점 구球에 가까워집니다. 육면체일때보다 힘도 덜 들고 속도도 나게 됩니다.

출처: visuallyneeded, https://www.instagram.com/visuallyneeded/?hl=ko

그림을 보고 가만히 생각해보았습니다. 매일매일의 변화는 느끼기 어려웠지만, 주단위로 보면 저의 글쓰기 속도는 점점 빨라지고 있었습니다. 하지만, 속도의 미분 값이 아직은 미약(?)하기에 저는 지치기 쉬웠던 것이었죠. 이 그림을 가만히 보고 있으면 힘이 납니다. 저의 글쓰기는 아직 육면체의 모양을 하고는 있지만, 몇 주 전과 비교해 보면 모서리의 뾰족함이 많이 사라져 있음을 알게 되었습니다.

저는 이 그림을 출력해서 집에 있는 저의 작은 책상앞에 붙여 놓았습니다. 천 마디의 말보다, 그 어떤 미사여구 보다 이 그림이 저에게 주는 메시지는 강했습니다. 그리고, 저를 지탱시켜 주었습니다.

/ **11** /

# 나를 브랜딩하자.
# 전략적 SNS 이용법

되돌아보면 저도 다양한 SNS를 이용해 왔습니다. 아주 오래전 시작한 다음카페, 네이버카페, MSN메신저, ICQ, 페이스북, 트위터, 라인, 밴드, 카카오톡 그리고 최근의 스레드까지 성격과 목적은 다르지만 SNS의 이름대로 Social Networking Service의 취지에 맞게 다양한 서비스를 경험했습니다.

이중 제 나름대로의 기준에 따라 대화 위주의 SNS를 제외하면 페이스북, 인스타그램, 링크드인이 주변사람들이 가장 많이 사용하는 SNS입니다. 페이스북과 인스타그램은 연동이 되어 있기도 하지만, 글을 많이 쓸 필요없이 간단한 사진만으로도 포스팅이 가능하기에 상당히 오랜기간 이용해왔습니다. 링크드인은 왠지 어렵고, 사진보다 글을 많이 써야 하기에 가입은 오래전에 했지만, 실질적인 활동은 제로인 상황이었죠.

그래서 저의 SNS는 친목용 및 생존신고용이었습니다. 사실 친목의 목적도 그리 크진 않았습니다. 많은 사람들에게 신뢰받는 MBTI에서 저의 성향은 대문자 I 인 듯 제가 먼저 SNS상에서 먼저 근황을 포스팅하거나 댓글을 달지는 않았습니다. 그래서 관광지에 놀러갔을때나 의미있는 순간에나 한두 장 사진을 올릴 뿐이었습니다.

저에게 있어 페이스북과 링크드인은 차이점이 있습니다. 페이스북은 대부분 원래 알던 지인들과 연결되어 있으며, 저의 소소한 일상을 주로 사진과 짧은 글로 공유합니다. 페이스북과 연동된 인스타도 사정은 똑같습니다. 포스팅의 빈도 또한 그리 많지 않습니다. 하지만 링크드인은 다릅니다. 하지만, 우연한 기회에 링크드인을 접하게 되었고, 이곳에 상당히 많은 기회가 있을 수 있다는 생각을 했습니다. 그래서 대답 없는 메아리에도 불구하고 꾸준히 활동을 해왔습니다. 현재 11,000명이 넘는 팔로워와 소통하기까지 약 2년의 걸렸는데요, 그 기간동안 제가 링크드인을 통해서 연결된 인연들로 받은 도움은 매우 컸습니다.

저에게 슬래시 커리어의 커다란 단초가 되어준 링크드인에 관한 짧은 생각들을 정리했습니다. 저같은 시니어에게 분명히 비즈니스의 기회가 되어 줄수 있는 유용한 플랫폼입니다. 반드시 링크드인을 활용하시기를 강력하게 추천드립니다.

## 가. 꽃과 취미로 SNS를 도배하지 마세요

SNS는 개인의 삶을 서로 공유하면서 공감과 관계를 이어나가는 목적을 가지고 있다고 생각합니다. 예전에는 오프라인에서 서로 만나야만 관계가 유지되고, 또 깊은 얘기를 했습니다. 하지만 기술의 발달로 이제는 해외에 사는 지인들과도 쉽게 일상을 공유하면서 소통을 합니다. 저 역시 캠핑, 고양이, 여행 등 제가 좋아하는 주제로 SNS를 운영해 왔습니다. 제가 올린 사진에 지인들이 좋아요를 누르거나 댓글을 달아주는 소소한 재미가 있었습니다.

SNS를 그저 사적인 공간으로만 생각하고 있던 어느 날, 저는 정경아 작가님의 북콘서트에 참석하고 나서야 SNS의 다른 가치를 알게 되었습니다. 정경아 작가님은 대기업에서 그야말로 잘나가는 임원으로 근무하셨습니다. 약 30년에 걸쳐 정말 독하게 직장생활을 하셨고, 그만큼 승진도 하셨습니다. 그런데 30년의 직장생활이 끝나는 대로 3분이 채 걸리지 않았습니다. 한순간에 쌓아올린 공든탑이 무너지고 난뒤, 정경아 작가님은 잠시의 휴식을 끝내고 새로운 일을 찾기 시작했습니다.

하지만, 세상은 그리 만만치 않았습니다. 대중교통조차 이용하기 힘들었습니다. 그동안 회사에서 제공하는 교통편을 이용해 왔기에 어느날 갑자기 뚜벅이가 되고보니 교통카드 조차 낯설었습니다. 공공분야에서 제공하는 일자리도 알아보았지만, 잘나가는 기업의 임원출신이라는 경력은 이젠 아무런 도움이 되지 않고 그저 한 사람의 평범한 중년의 실업자에 불과했습니다.

닥치는 대로 일을 하면서 정경아 작가님은 글을 쓰기 시작했습니다. 자신의 이야기인 임원의 퇴직과 그 이후의 일들을 진솔하게 기록했습니다. 그리고 다른 직장인들이 자신과 같은 실수를 하지 않기를 바라는 마음에 많은 조언 또한 같이 기록했습니다. 저는 작가님께서 출판하신 책을 보고 작가님을 알게 되었고 북콘서트까지 참석하게 되었습니다. 현재 작가님은 퇴직자들을 주제로 하는 유튜브 채널 운영을 비롯해서 다양한 활동을 하고 계십니다.

북콘서트에서 작가님은 질문 하나를 하셨습니다. SNS를 어떻게 사용하느냐고 말이지요. 작가님은 말씀을 이어나가셨습니다. 퇴직을 하고보니 수많은 인간관계가 자연스럽게 정리되었습니다. 누군가를 대면할 때마다 엄청난 에너지가 필요했고, 비용도 들었습니다. 더 이상 자신의 명함에 회사이름과 직책이 없기에 새로운 네트워크를 만들기도 어려웠습니다. 이때 정말 가성비좋고 효율적인 네트워킹 수단이 바로 SNS임을 알게 되었습니다.

그동안의 네트워크는 명함을 매개로 이루어졌다면, 명함이 사라진 퇴직이후에는 명함이 아닌 다른 수단으로 네트워크를 만들어야 합니다. 그래서 현직에 있을때부터 꾸준히 SNS를 통해 나

자신을 알리고 새로운 사람들과의 네트워킹을 만들어야 합니다. 그래야 퇴직 이후에도 새로운 일들이 가능합니다. 그런데 지금 우리가 사용하는 SNS에 있는 내용들은 무엇인가요? 등산이나 캠핑같은 취미, 예쁜 꽃 등 그저 잠시 사진으로 보고 잊어버릴 내용들로 가득하지 않나요? 꽃과 취미가 불필요하다는 뜻이 아닙니다. 꽃과 취미도 필요하지만, 꽃과 취미만 있어서는 안됩니다.

## 나. 우물안 슈퍼개구리와 약한 연결weak tie의 힘

우리는 살아가면서 많은 만남을 합니다. 저 같은 'I' 성격의 사람들은 집에 혼자 있는 것을 좋아하지만 'E' 성격의 사람들은 사람들과 만나는 것 자체가 힐링이라고도 합니다. 만남의 종류를 제 기준에서 크게 세 가지로 구분해 보았습니다.

### 1. 친구: 과거 여행의 동반자

친구와의 만남을 싫어할 사람은 없겠지요. 물론 나이가 들어가면서 만나는 친구의 숫자는 줄어들긴 합니다. 너무 오랫동안 만나지 못해서 자연스럽게 멀어지거나, 혹은 친구가 나를 영업의 대상으로 설정한 순간 더 이상 만남은 지속되기 어렵습니다. 친구들을 만나면 언제나 과거의 이야기를 합니다. 물론 현재의 이야기도 하긴 하지만, 그저 현재의 신세 토로와 스트레스를 이야기하고 그 자체로 스트레스를 해소하려고 합니다. 그래서 저는 친구들과의 만남은 곧 과거로의 여행이라고 생각합니다. 친구는 시간과 추억을 공유한 사람들이니까요.

## 2. 직장동료: 현재 전쟁터의 전우

현재 가장 가까운 사람들이 아닐까 합니다. 직장은 생계를 위해서 그리고 개인의 자아실현을 위해서 일을 하는 곳입니다. 이곳에서 만나는 사람들은 치열한 현재를 공유합니다. 당장의 문제를 해결하고, 협업합니다. 여기에 근면성실함이 더 한 사람들은 동호회까지 참석합니다. 동호회도 비슷합니다. 현재 나의 관심사가 주된 목적이기에 지금 현재의 주제에 집중합니다. 직장동료는 가족보다 더 많은 시간을 보내는 전우로서 끈끈한 동료애를 가지고 현재를 공유하는 사람들입니다.

## 3. 약한 연결Weak ties: 미래 가능성과의 연결

약한 연결은 미국의 사회학자인 마크 그래노베터의 논문에서 나온 개념으로 느슨한 관계라고도 표현됩니다. 친구나 직장동료 등 가까운 사람보다도 친하지는 않지만 알고 지내는 사람들에게 더 큰 도움을 받을 때가 많다는 의미입니다. 특히 미국은 링크드인을 통해 이직을 하는 사례가 많기에 약한 연결의 힘이 새로운 직업을 찾는데 큰 도움이 되는 것을 많은 사람들이 경험했습니다.

저는 인터넷에서 알게 된 사람들은 그저 잠시 스쳐 지나가는 사람들이라고 생각했습니다. 페이스북이나 기타 다른 커뮤니티에서 알게 된 인연들은 실제 오프라인에서 만나는 경우도 드물거니와, 굳이 만나려고 애쓰지도 않습니다. 굳이 만나자고 하면 오해받기도 쉽습니다. 역시 누군가가 저와 만나기를 원해도 저 역시 사기가 아닌가 하는 생각을 하게 됩니다. 그래서 Weak ties라는 개념을 알게 되었을 때에도 중요하지 않게 생각했습니다. 그런데 저에게 특별한 일들이 생겼습니다. 바로 Weak ties를 통해서 말이지요. 직장인들의 현인, 멘토도 불리는 신수성 작가님께서는 말씀하셨습니다.

"누군가 당신을 발견할 확률을 높여라."

무슨 뜻일까요? 내가 아무리 조직 안에서 일을 잘한다고 해도 조직 안에서만 나를 알아줍니다. 마치 우물 안 슈퍼개구리인 셈이죠. 우물 안에서 슈퍼개구리라고 해도 밖에서는 모릅니다. 일단 우물 밖으로 나가서 나를 알려야 사람들이 알 수 있습니다. 나를 알리면 '무엇인가'를 찾는 사람들이 나에게 다가와 줍니다. 그래서 서로 도움이 될 수 있는 관계를 맺고자 노력합니다. 대가를 주고받는 계약관계와는 다릅니다.

저 역시 Weak ties를 통해서 새로운 기회를 제안받았습니다. 참으로 신기하고 감사할 일입니다. 가진 것은 별로 없지만, 꾸준히 나를 알려왔을 뿐입니다. 사실 특별한 목적도 없었습니다. 그런데 어느 정도 저의 글들이 축적이 되자 많은 일들이 벌어지고 있습니다. 과거와 현재에 집중하는 것도 중요하지만, Weak ties를 통해 연결될 수 있는 미래의 가능성이 바로 타인의 이야기가 아니라 나의 이야기가 될 수 있다는 점을 말씀드리고 싶습니다.

## 다. 이제 링크드인을 이용하세요. 링크드인에서 약한 연결을 만드는 법

앞에서 SNS를 그저 꽃과 취미를 공유하는 수단에 그치지 말고 그 이상의 가치를 창출하는 수단으로 사용해야 한다고 말씀드렸습니다. 그 이상의 가치를 저는 약한 연결이라고 생각합니다. 그런데 어떻게 만들면 될까요? 꽃과 취미외에 무엇을 SNS에 올려야 약한 연결을 만들 수 있을까요?

여러가지 방법이 있겠지만 저의 방법을 공유드립니다. 저의 방법이 정답이라고는 하기 어렵지만, 저는 실제로 약한 연결의 도움을 받은 당사자이기에 최소한 오답이 아니라고는 자신있게 말씀드리고 싶습니다.

## 1. 일단 써야 합니다.

모든 일이 다 그렇지만 '일단' 시작해야 합니다. 시작이 반이
라는 말처럼 시작하지 않으면 아무것도 할 수 없습니다. 그리고
이제는 페이스북이나 인스타그램처럼 일상공유 콘텐츠가 넘치
는 SNS보다 링크드인에 도전해야 합니다. 다 비슷한 SNS가 아닌
가? 하실수 있습니다만 링크드인과 다른 SNS는 사용목적이 다
릅니다. 링크드인은 2002년 비즈니스와 채용 중심의 플랫폼으로
탄생했습니다. 그렇기에 모든 시스템이 비즈니스와 채용에 최적
화 되어 있습니다.

우리나라에서는 2011년 정식 한국어 서비스가 시작되었습니
다. 당시 국내기업들은 링크드인에 관심이 없었지만, 한국에 진
출했거나 진출예정인 외국계 기업들은 인재를 채용하는데 많이
이용했습니다. 지금은 국내기업도 링크드인을 채용의 수단으로
잘 이용하고 있습니다. 단순 채용뿐만 아니라 기업간의 협업도
링크드인에서 일어나는 경우도 많습니다.

이런 좋은 플랫폼에서 이제 나를 알려야 합니다. 부담될 수밖
에 없습니다. 하지만 일단 시작해야 합니다. 단 링크드인에서는
꽃과 취미 주제인 글은 별로 없습니다. 가벼운 글일지언정 업무
혹은 정보 위주로 올려보세요.

## 2. 그리고 '꾸준히' 써야 합니다.

말은 쉽습니다. '꾸준히' 쓰는 것이 그리 쉽진 않습니다. 이전 챕터에서 꾸준히 글쓰는 방법에 대해서 말씀드렸고 이번 챕터에서는 SNS 활용 위주로 말씀드립니다.

## 3. '좋아요'와 '댓글'을 시작해야 합니다.

물론 내가 어느날 갑자기 글을 쓰고 포스팅을 시작해도 사람들은 관심을 가지지 않습니다. 좋아요도 없고 댓글도 없습니다. 아직은 알고리즘 상 많은 사람에게 노출이 되지 않기 때문입니다. 그러면 어떻게 해야 할까요? 많은 사람들에게 노출되기 위해서는 내가 사람들에게 다가가야 합니다. 다가가기 가장 좋은 방법은 타인의 글에 '좋아요'를 누르는 것입니다. 일단 그렇게 좋은 글에 좋아요를 누르다보면 나의 글이 그 사람에게 노출될 확률이 커집니다.

처음에는 댓글을 어떻게 달아야 할까 고민이 됩니다. 페이스북같은 경우에는 대부분 지인들이기 때문에 편하게 댓글을 달면 되지만, 링크드인은 그렇지 않습니다. 모르는 사람에게 댓글 남기기가 쉽지 않습니다. 하지만, 다른 사람들이 댓글 다는 것을 관찰하면 분위기를 파악할 수 있습니다. 그렇게 링크드인의 분위기를 파악하게 되면 댓글에 큰 부담이 없게 됩니다.

좋아요와 댓글을 반복하다보면 상호 1촌도 맺게됩니다. 그럴

수록 나의 글이 다른사람들에게 노출되는 횟수가 많아 집니다.

### 4. 루틴에 맞춰 포스팅을 해보자.

나의 전문분야를 만들고 계속해서 글을 쓸 수 있게 되면 가급적 루틴을 만들어 포스팅 하면 좋습니다. 저의 경우 아침 7~8시 사이에 포스팅 하는 것을 루틴으로 하고 있습니다. 통상 직장인들이 가장 많이 출근하는 시간전에 포스팅을 하게 되면 출근 지하철이나 버스에서 저의 글을 볼 확률이 높아집니다. 아무래도 알고리즘은 최신글 위주로 이루어 지니까요. 계속해서 일정한 시간에 포스팅을 하게 뇌년 매일 아침 오는 조간신문처럼 기다리는 사람들도 생기게 됩니다. 실제로 많은 커뮤니티에서도 일정한 주제로 일정한 시간대에 포스팅하시는 분들이 꽤 있습니다. 저도 모르게 당연한 일상처럼 생각하고 기다리게 되는데요, 저도 이분들의 방법을 이용하였습니다.

### 5. 1촌(혹은 팔로워) 아웃바운딩은 꾸준히 그리고 하염없이

여타 SNS도 비슷하지만 1촌의 숫자는 나름의 의미가 있습니다. 그 사람의 네트워크의 넓이이기도 하고, 신뢰와 꾸준함을 나타내기도 합니다. 두 사람이 나에게 1촌 신청을 했는데, 한명은 1촌이 5천명이고, 다른 한명은 1촌이 50명이라면 어떤 생각이 들까요?

사람들은 가만히 있는 나에게 먼저 1촌 신청을 하지 않습니다. 사회생활도 비슷하지요. 내가 먼저 다가가야지 타인이 나에게 먼저 다가오기를 기다리면 아무것도 이루어지지 않으니까요. 좋아요나 댓글을 달며 1촌을 신청하면 좋습니다. 아무런 소통이 없는 사람이 갑자기 1촌 신청을 해오면 쉽게 수락하지 않습니다. 하지만, 글에 좋아요나 댓글을 달았던 사람이 1촌 신청을 하면 수락 확률이 올라갑니다.

1촌 신청은 간단하지만 어려운 원칙이 하나 있습니다. 바로 '꾸준히 그리고 하염없이' 해야 한다는 것입니다. 나의 신청에 반응이 없더라도 그저 하염없이, 꾸준하게 해야 합니다. 내가 유명한 사람이라면 다른 사람들이 먼저 1촌 신청을 하겠지만, 일반인인 나에게는 그렇지 않습니다. 저는 2025년 상반기 기준 1.1K의 1촌과 소통하고 있습니다. 이렇게 오기까지 약 2년의 시간이 걸렸습니다. 의미없는 숫자라고 생각하실수도 있지만 저는 1촌들의 도움을 워낙 많이 받았기때문에 1촌들이 많으면 많을수록 분명히 좋은 기회와 만날 확률이 높아진다고 생각합니다.

1촌 신청도 전략이 있습니다. 만약 나의 현재 업무 혹은 앞으로 진출할 분야와 관련된 사람들을 중심으로 1촌을 신청하면 좋습니다. 또는 관심있는 회사의 직원도 좋습니다. 분야. 기업, 업무, 기술스택 등 다양한 키워드로 검색이 가능합니다. 이들과 인연을 맺고 꾸준히 활동을 하다보면 약한 연결의 도움을 반드시 받을 수 있습니다. 저의 경우 시기별로 HR, AI 등 다양한 키워드로 검색해서 1촌 신청을 했습니다. 분야나 업무 등 공통점이 있는 경우, 1촌 수락의 확률도 높고, 수락 이후에도 DM을 통해 대화하며 새로운 기회를 만들수도 있습니다. 강의, 기고, 이직 등 저도 약간 연결의 1촌들의 도움으로 새로운 기회들과 만날 수 있었고, 지금도 만들어 가고 있습니다.

**6. 이제 매개체없이 나자신으로 네트워크를 만들어 보세요**

보통의 직장인들의 네트워크는 매개체가 필요합니다. 술, 운동, 등산, 각종 취미 등입니다. 그런데 매개체가 위주인 네트워크는 매개체가 주인공이 될 뿐, 다른 주제는 조연밖에 되지 않습니다. 같이 등산을 간 사람들끼리 산 정상에서 비즈니스나 이직을 논하기는 쉽지 않겠지요.

그럼 매개체 없이 만나면 대화가 쉬울까요? 매개체없이 누군가를 새로 만나기도 어려울 뿐더러, 만난다해도 대화도 어렵습니다. 서로 이것저것 질문만 하다가 어색해지기 쉽습니다. 하지만 개인의 브랜딩으로 만나게 되면 전혀 다릅니다. 이미 상대방의 주요 이력과 업적을 잘 알고 있을 뿐더러, 서로의 관심사가 중첩되는 부분이 많기에 빠르게 깊은 이야기를 할 수 있습니다. 첫 강의를 제안받았던 그 만남도 사전에 아무런 교류가 없었던 분이었습니다. 그분은 온라인 교육 플랫폼의 상품기획자셨고, 평소 리더십을 주제로 글을 꾸준히 써왔던 저와의 협업가능성을 염두하고 저에게 미팅을 요청하셨습니다. 첫 미팅에서 리더십과 교육을 주제로 다양한 대화를 하던중에 강의 제안을 받게 되었 지요. 첫 강의를 시작으로 이후의 다양한 기회가 저에게 찾아왔 습니다.

## 라. You are not alone

링크드인에 계속해서 포스팅을 하다 보면 여러 가지 의문이 샘솟습니다. 의문이라기 보다는 걱정에 가깝습니다.

사람들은 도대체 나의 글을 읽기는 하는 걸까?
내 주변사람은 내가 이렇게 글 쓰는 것을 모를 텐데 의미가 있을까?
그냥 허공에 대고 고함치는 것 아닐까?

당연히 이런 생각이 들 때가 많습니다. 참으로 아이러니한데 요, 굳이 누군가를 위한 글은 아니었지만, 누군가가 나의 글을 알 아주지 않으면 굉장히 서운합니다. 블로그나 링크드인에 글을 올리면 생각보다 적은 사람들만 반응을 해줍니다. 정말 이렇게 몇 명 안 되는 사람들을 위해서 글을 써야 하나란 생각이 들게 되면 글쓰기 엔진이 꺼지기 쉽습니다.

저 역시 그러했고, 가끔은 현타가 오기도 했습니다. 현타가 오면 그냥 아침에 잠이나 더 잘 걸 하는 생각이 들지요. 그래서 일주일에 하루정도는 늦잠을 즐기기도 했습니다. 현타는 누구에게나 언제든지 올 수 있지만, 현타가 반복될수록 발생주기는 짧아지기 쉽습니다. 이러한 저에게 현타를 방지해 주는 몇 가지 사건(?)이 벌어졌습니다.

### 첫 번째 이야기

친하게 지내는 과 동기가 있습니다. 벌써 교류를 이어온 지 20년이 훨씬 지났네요. 어느 날 이 친구와 통화할 일이 생겼습니다. 그래서 이것저것 이야기를 나누고 있었는데요, 갑자기 그 친구의 한마디에 전 순간 얼어버렸습니다.

"글 쓰는 거 잘 보고 있어. 네가 부담 갈까 봐 일부러 추천 같은 건 누르지 않았어. 근데 그거 아니? 글이 정말로 날이 갈수록 좋아지고 있어."

저와 링크드인에서 1촌 사이긴 했지만, 잘 아는 사이기에 굳이 아는 척을 안하긴 했는데, 계속해서 저를 지켜봐주고 있었더군요. 친구의 배려에 새삼 감동했습니다. 친구끼리 감동하면 안 되는데 말입니다.

### 두 번째 이야기

역시 과 동기이야기입니다. 이 친구는 학구파였기에 학창 시절
에는 저와 마주칠 일이 별로 없었습니다. 저는 주로 알코올이 스
며드는 공간에 있었기 때문입니다. 졸업 이후 그 친구는 미국으로
갔다고 전해 들었고, 벌써 20년이 흘렀습니다. 그저 미국에서 상
당히 잘 나간다는 소식을 듣긴 했습니다만, 각자 사는 것이 바쁜
나머지 안부를 주고받지는 못했습니다. 그런데 최근 제가 링크드
인에 올린 포스팅에 그 친구가 댓글을 달았습니다.

"오랜만! 글은 자주 못 남겼지만 항상 즐겨 읽는다~ 축하해!"

미국에서 나의 글을 보고 있었다니! 저는 놀랄 수밖에 없었습
니다. 역시 제 친구들은 댓글과 추천에 인색한 상남자(?)들인가
봅니다.

### 세 번째 이야기

저는 운이 좋습니다. 제 주변에는 탁월하신 분들이 참 많습니
다. 그중에 현재 코칭기업을 운영하시면서 동에 번쩍, 서에 번쩍
활발한 활동을 펼치시는 대표님이 계십니다. 어느 날 제가 모르

는 것이 있어서 도움을 받기 위해 전화를 드렸는데요, 그분의 인사말에 저는 또다시 얼어버렸습니다.

"아침마다 글 올리는 거 잘 보고 있어요. 매일 아침마다 글 알람을
　기다려요!"

저의 롤모델 중 한 분이신데요, 이렇게 칭찬과 격려의 말씀을 들으니 매우 기뻤습니다.

많은 분들이 바쁜 와중에도 저의 글을 읽어주시고 응원해 주시고 계셨습니다. 다만 포스팅 하단의 추천 아이콘을 클릭 안 했을 뿐이지요. 사실 저를 돌이켜보아도 타인의 글에 추천 아이콘을 열심히 클릭하는 스타일은 아닙니다. 모두 비슷합니다. 그런데도 저는 추천수가 적다는 이유로 적잖은 현타를 겪었습니다. 겪을 필요가 없었는데도 말이지요.

저는 혼자가 아니었습니다. 이미 많은 분들이 저의 글을 읽어주시고 응원해 주시고 계셨으니까요. 글쓰기를 시작했지만 사람들의 반응이 별로 없다는 이유로 실망하고 포기하시는 경우가 많습니다. 그분들께 말씀드리고 싶습니다.

이미 많은 사람들이 당신의 글을 보고 있고 응원하고 있습니다.
You are not alone.

## 마. 링크드인의 커피챗 이야기

한국의 링크드인에는 국내외의 다른 SNS와 다른 독특한 문화가 있습니다. 그중에 가장 대표적인 것을 꼽으라면 단연 커피챗입니다. 커피챗은 말 그대로 커피를 마시며 간단한 대화를 하는 것을 의미합니다. 간단한 대화이긴 하지만, 커피챗의 진짜 목적은 비즈니스 네트워킹입니다. 기업간 혹은 프리랜서간의 협업이 될수도 있고, 비공식적인 면접이 될수도 있습니다. 통상 (주로 미국에서는) 커피챗이란 곧 비즈니스 네트워킹입니다. 그런데, 한국의 링크드인에서는 약간 결이 달라서 비즈니스 네트워킹성격이긴 하나 개인 친목의 성격도 포함하고 있습니다.

제가 링크드인에서 겪었던 커피챗은 한국식 커피챗의 성격이 강했습니다. 그래서 상대방과의 직접적인 비즈니스 목적만이라기 보다는 개인 친목 형성도 포함되어 있었습니다. 제가 거의 매일 포스팅을 하던 시기, 저의 글에 관심을 가져주시던 분들이 계셨습니다. 작가 겸 코치님, 코칭 스타트업 CEO 등 이었습니다. 그분들은 지속적으로 포스팅되던 저의 글을 보면서 저에 대해서 매우 궁금해 하셨습니다. 그래서 당장 직접적으로 비즈니스를 위한 목적이 아니라, 순수한 인문학적 교류 차원에서 저에게 커피챗을 요청해 주셨습니다.

처음 커피챗 요청을 받았을때는 매우 당황했습니다. 페이스북이나 인스타그램에서 그저 온라인상으로 교류를 하던 사람이 갑자기 대면하자고 하면 일단 의심부터 하게 됩니다. 반대로 제가 먼저 다른 사람에게 대면하자고 하면 그 사람 역시 저를 의심하게 될 것입니다. 하지만 링크드인에서는 일단 공개된 이력(진위여부는 나중에 따지더라도)을 기본으로 그사람이 지금까지 포스팅한 글로 그 사람을 판단하게 됩니다. 다른 SNS는 일상이나 취미 위주의 성격이 강해서 글보다 사진의 비중이 많은 반면, 링크드인은 다른 SNS 보다는 글의 비중이 월등히 높습니다. 그래서 지속적으로 같은 주제로 글을 포스팅하는 저에게 많은 관심이 생겼던 것 같습니다. 더군다나 직장인인 저를 배려해서 모두 제가 근무하고 있는 구로디지털단지역 근처로 와주신다고 하니 저로서는 거절할 이유도 없었습니다.

그렇게 저는 몇몇분들과 커피를 마시며, 혹은 햄버거를 먹으며 대화의 시간을 가졌습니다. 그분들과 했던 이야기들이 저에게는 많은 성찰과 위로로 다가왔습니다. 특히나 글쓰기에 대한 확신을 심어주셨기에 저는 더 글쓰기에 매진하는 기회가 되었습니다. 그렇게 저는 링크드인의 커피챗 문화에 적응하게 되었고, 이후 여러번의 커피챗을 통해 소중한 분들을 많이 만나게 되었습니다. 그 만남들이 저에게 큰 기회로 이어졌습니다.

**커피챗 하는 방법**

저의 경우에는 리더십을 주제로 꾸준히 글을 포스팅해왔기에 리더십과 글쓰기에 관심있는 분들께서 커피챗 요청을 주셨습니다. 하지만, 누구나 상황은 다르기에 저처럼 무작정 포스팅하는 것은 어려울 수도 있습니다. 하지만 커피챗은 좋은 인연을 만들 수 있는 기회입니다. 다른 사람이 나를 만나자고 요청하기 전에 내가 먼저 커피챗을 요청하는 것도 좋은 방법입니다. 링크드인에서 커피챗을 요청하는 방법을 간단히 소개합니다.

나의 관심분야 혹은 관심기업의 사람들을 찾습니다. 그들의 글에 좋아요나 댓글을 남기며 1촌 신청을 합니다. 그렇게 되면 그들이 올리는 글이 나에게 더 많이 노출되고, 이에 따라 나의 글도 그들에게 더 많이 노출됩니다.

나의 관심분야이기에 단순하게 좋은 글입니다. 잘 읽었습니다 같은 댓글보다는 추가의견이나 질문들로 댓글을 다셔야 합니다. 반드시 그분도 질문이나 의견에 대한 회신을 주실것이고 이 대화는 DM으로 이어지게 됩니다.

DM은 direct Message로 링크드인내의 개인간 대화방이라고 보시면 됩니다. 서로 관심분야가 같아 의견을 나누는데 댓글로는 아무래도 번거롭기도 하고, 더 집중적으로 얘기하고 싶기에 DM을 하게 됩니다. DM에서는 더 구체적이고 전문적인 대화를 이어가면 됩니다.

그렇게 대화를 이어가다 보면 누가 먼저랄 것도 없이 대면해서 대화를 해보고 싶어지게 됩니다. 단, 여기서 주의하실 점은 처음에는 가급적 식사보다는 커피만 드시는 것을 추천드립니다. 링크드인은 소개팅이나 친목형성을 위한 앱이 아닙니다. 첫 만남에 식사나 혹은 맥주는 서로간 큰 부담일 수 있습니다. 그래서 커피챗은 정말로 '커피만' 드시는 것이 좋습니다.

만남의 장소는 가급적 먼저 요청한 쪽에서 찾아가는 편이 좋습니다. 혹은 퇴근길 서로 교통이 편한 장소(강남역, 종로 등)가 좋습니다. 그렇게 가볍게 서로 관심사인 분야의 대화를 하다면 생각지도 못한 협업의 기회가 열리기도 합니다. 저의 첫 강의도 처음 만난 분과의 커피챗에서 제안받았으니까요.

그렇게 약한 연결weak tie를 만들고 유지해 나가면 됩니다. 다만 한길 사람 속은 모르는 법이니 이점 유의하셨으면 좋겠습니다.

# 시니어가 알아야 할
# 불편한 진실

저도 1년 전, 현직에 있을 때는 잘 몰랐습니다. 그저 저는 한사람의 평범한 직장인이었고, 조직에서 리더역할을 수행했을 뿐이었습니다. 마음은 언제나 처음 직장생활을 시작하던 그때와 같았습니다. 하지만 어느새 저는 20년차 이상의 직장인이 되었습니다. 저는 그대로였지만, 주변에서 저를 보는 시선은 달라졌습니다. 어느새 팀원들을 비롯한 주니어들은 저를 대할 때 매우 조심스러워 한다는 것을 느꼈습니다.

누군가가 말했습니다. 나를 제외한 팀원들의 단톡방이 있는 것을 인정해야 꼰대가 아니라고 말이지요. 머리로는 이해하지만 가슴으로 이해하기는 어려웠습니다. 나는 아직도 옛날 그대로 인데 달라진 것은 주변사람들의 시선입니다. 부정하고 싶지만, 현실이 그러합니다. 시니어로서 새로운 시작을 하기 위해서는 현실을 인정하는 것부터 해야 합니다. 30대 아니, 40대 초반까지만 해도 제가 시니어란 생각은 가지지 않았습니다. 주변에는 많은 기회가 있었고, 저에게는 한번 정도는 실패 리스크를 감당할 만한 자신감이 있었습니다. 하지만, 지금은 다릅니다. 어느새 시니어가 되어 버린 지금 예전처럼 많은 기회가 없습니다. 이젠 한 번의 실패에 쓰러질수도 있습니다. 어느새 시니어가 되어버린 당신을 위해 말씀드리고 싶습니다. 이제 인정할 것은 인정하고 새로운 세계관으로 다음 커리어를 준비해야 합니다.

## 가. 이제 당신에게 맞는 포지션은 없다

너무 단정적이긴 하지만, 사실입니다. 4말5초는 한 기업에서 이직을 안 하고 계속 근무를 했더라도 슬슬 퇴사를 생각해야 하는 시기입니다. 그런데 이때 다른 기업으로의 이직은 더 어렵습니다. 물론 시니어의 경력과 경험을 필요로 하는 곳은 많습니다. 뭔가 앞뒤가 맞지 않습니다. 시니어를 위한 포지션은 많은데, 시니어의 이직은 어렵다?

예를 들어 보겠습니다. 총무라는 업무는 어느 회사나 비슷합니다. 사내 근무환경부터 자산관리, 행사기획 등 어느정도 범위가 정해져 있습니다. 특히 대기업일수록 총무직이라면 업종을

불문하고 비슷한 업무범위와 업무매뉴얼을 가지고 있습니다. 그래서 총무직은 업종에 관계없이 이직을 할 수 있기도 합니다. 하지만, 시니어가 될수록 실무보다는 점점 관리업무의 비중에 커지고 관리해야 하는 조직도 커집니다. 예를 들어 인사총무부의 경우 하위에 인사팀, 총무팀으로 구성됩니다. 인사팀장, 총무팀장이 각각 존재합니다. 하지만 인사총무부장은 한명입니다. 결국 둘 중 한명이 인사총무부장이 되어야 합니다. 인사팀장이 인사총무부장이 되면 총무팀까지 관리해야 합니다. 물론 총무팀장이 있지만, 총무의 업무를 알지 못하면 리더로서 관리를 할 수 없습니다. 인사와 총무라는 쉬운 예를 들었지만, 기술직인 경우 해당 기술 분야를 모르면서 관리하는 리더 포지션으로는 이직이 불가능하겠지요.

위의 사례는 대기업에서 흔히 분수 있는데요, 중소기업이라고 해도 큰 차이는 없습니다. 중소기업은 대기업만큼 인적자원이 많지 않습니다. 대기업에서는 매뉴얼에 따라 일하는 스페셜리스트가 필요하다고 하면, 중소기업에서는 다양한 업무를 대응할 수 있는 제네럴리스트가 더 필요합니다. 크지 않은 규모의 회사이기에 전산담당 직원은 한두 명 밖에 필요치 않습니다. 그러니 굳이 전산팀장까지 보직을 만들 여유는 없습니다. 그런 경우 바로 옆팀인 회계팀장이 전산팀장을 겸직하거나 아예 전산담당 직원이 회계팀 하위로 편제 될수도 있습니다. 이때 서로 다른 업무

를 겸업하느라 업무에 과중한 나머지 회계팀장이 퇴사하게 되면
채용공고는 어떻게 될까요?


　- **포지션**: 회계팀장

　- **하는 일**: 회계 결산 및 재무제표 작성, 세무 신고 및 관리, 자금 계획 수
　　립 및 집행, 외부 감사 대응 등

　- **기타**: 전산관리 지원


　언뜻 보면 일반적인 회계팀장을 채용하고 있는 것처럼 보입니
다. 하지만 핵심은 전산관리에 있습니다. 회사는 회계팀장은 기
본이며, 추가적(필수적)으로 전산관리를 할 수 있는 사람을 필요
로 합니다. 대기업에서 회계팀장으로 근무하다 49세에 퇴직을
하게 되었습니다. 대기업 출신이라 업무능력은 확실하겠지만,
과연 전산관리까지 맡아야 할 중소기업의 회계팀장 포지션으로
이직이 가능할까요? 대기업 출신들이 많이 하는 착각중 하나인
데요, 대기업에서 한 분야의 스페셜리스트로 오래 근무를 했다
하더라도 중소기업으로의 이직은 여러가지 장애물이 있습니다.
중소기업에서는 한사람이 여러가지 업무를 해야하기 때문입니
다. 그런데 이런 사실은 채용공고에 잘 나타나지 않습니다. 대기
업도 비슷하긴 하지만, 중소기업으로 갈수록 이른바 암묵지[Gray]
[zone]가 많기 때문입니다.

## 나. 당신의 전문성은 토대가 사라지는 순간 리셋된다

그럼에도 불구하고 시니어의 전문성은 중요한 무기입니다. 그래서 무기를 가지고 다른 회사로 이직을 할 수 있습니다. 그런데 여기에 한 가지 함정이 있습니다. 한 기업에서 오래 쌓은 전문성은 전문성 자체만이 아닙니다. 바로 특정한 토대위에 쌓은 전문성이라는 점입니다. 회계업무는 회계기준과 상법 등을 준수해야 하기에 다른 기업에 가더라도 큰 차이가 없습니다. 하지만 각 회사별로 고유한 업무시스템과 문화가 있습니다. ERP도 여러 회사의 서비스가 있기에 A사의 ERP를 20년간 다루어본 사람도 갑자기 B사의 ERP에 적응하고 관리하기란 어렵습니다. 그리고 업무절차별로 각기 다른 암묵지가 존재합니다. 소위 짬밥이 쌓인 시니어들은 그레이존을 잘이용해서 업무를 더 잘 처리합니다. 규정과 절차의 선을 아슬아슬하게 넘을 듯 말듯 하면서도 문제없이 처리합니다. 그런데 갑자기 다른 회사로 이직을 했다면 이부분에 대해서 알수가 없겠지요. 더구나 무엇보다도 그동안 쌓아온 내부 인맥이 모두 리셋됩니다.

즉, 나의 전문성은 해당 기업이라는 토대위에 쌓은 성과 같습니다. 나는 다른 회사로 이직하면서 이 성을 모두 가져간다고 생각하겠지만, 지상위로 나온 부분만 억지로 떼어온 것과 같습니다. 정말로 중요한 지하실은 가져오지 못했습니다. 다른 회사의 전혀 다른 토대위에 내가 가져온 성을 쌓았을 때 아귀가 딱딱 들어맞기는 어렵습니다. 맞지 않는 곳을 어떻게 잘 보강하느냐가 이직 후 온보딩의 핵심입니다. 업무의 큰 원리는 당연히 나의 전문성이지만, 전문성을 쌓아온 토대는 나의 것이 아니기에 다른 곳으로 가지고 갈 수 없습니다.

## 다. 이제 리더는 필요없다

주니어의 이직과 시니어의 이직은 전혀 다릅니다. 주니어는 실무능력이 가장 큰 무기입니다. 기업에서도 주니어를 채용할 때도 우선순위는 실무능력입니다. 하지만 시니어는 다릅니다. 일단 채용플랫폼만 보아도 40대 이상의 채용공고는 대부분 리더입니다, 하지만 여기에도 함정이 있습니다. 대부분의 대기업과 중견/중소기업은 이제 인원을 함부로 늘리지 않습니다. 오히려 인원을 줄이기 위해 안달입니다. 그런 와중에 연봉마저 높은 시니어 경력자를 군이 채용하려고 하지 않습니다. 물론 시니어를 채용하려는 포지션이 없지는 않습니다. 하지만 예전보다 자리는 줄고 경쟁률은 하늘 높은 줄 모릅니다. 예전보다 시니어에 대한 니즈는 많이 낮아졌습니다.

그런데, 여전히 시니어에 대한 니즈가 있는 곳이 있습니다. 스타트업입니다. 오늘 아침에도 채용플랫폼의 뉴스레터에서 HR경력자를 채용하는 스타트업들의 채용공고를 보았는데요, 창업이후 데스벨리를 무사히 벗어나 폭발적인 성장을 하는 스타트업들이 대부분이었습니다. 스타트업은 초기에 창업자들로만 경영을 합니다. 부족한 부분이 있어도 당장의 매출과 수입이 없기에 십시일반으로 메워 나갑니다. 하지만 매출이 발생하고 투자 유치하게 되면 점차 인원을 늘려갑니다. 그런데 스타트업은 대졸 신입사원을 바로 채용해서 교육할 여유는 없습니다. 그래서 대부분 경력직 위주로 채용할 하게 되는데요, 여기에도 함정이 있습니다.

대기업 혹은 중견기업 등 큰 기업 출신의 직장인들이 가장 하기 쉬운 착각인데요, 스타트업으로 가게 되면 리더(C-level) 역할을 하게 되리라는 것입니다. 물론 그런 경우도 많습니다만, 스타트업이 바라는 시니어는 리더보다는 실무자입니다. 실무자면서 주니어들을 이끌어 주는 플레잉코치 같은 역할을 더 바랍니다. 예전 대기업 팀장(부장)출신의 퇴직자와 커리어코칭을 할 때였습니다. 그분에게 스타트업 지원을 권유해 보았는데요, 그분에게는 중요한 조건이 있었습니다. 바로 C-Level로 입사를 해야 하다는 것이었습니다. 스타트업 입장에서는 외부인사의 영입 리스크에 예민합니다. 많은 실패 경험이 있기 때문이죠. 대기업 출신 임원을 영입했는데 대기업 수준의 처우와 의전만 요구하고 정작 실무에서는 별다른 성과를 거두지 못한 사례가 많기 때문입니다. 앞서도 말씀드렸지만, 대기업에서의 경력과 성과는 대기업이라는 토대 즉 시스템 안에서 이루어 낸 것입니다. 토대 없이 다른 회사에서 맨땅에 헤딩으로 과거와 같은 성과를 만들기는 매우 어렵습니다.

스타트업에서는 직책명보다 일이 더 중요합니다. 팀장 직책은 아니지만 업무를 주도적으로 하다보면 자연스럽게 팀장의 역할을 하게 되고, 실제로 인사발령으로도 이어지게 됩니다. 스타트업은 대기업과 달리 절차와 규정에서 자유도가 높습니다. 필요하다고 판단하면 즉시 별도의 조직을 만들고 리더의 직책을 부여합니다. 그래야 빠른 시간에 성과를 낼 수 있기 때문입니다. 대기업이 리스크를 최소화하고 안정적인 운영에 중점을 두고 있다면 스타트업은 생존과 성과창출이 가장 중요합니다.

스타트업에는 시니어의 경력과 경험을 필요로 하는 곳이 많습니다. 다만 대기업 등 기존의 전통산업에서의 경력자들은 함부로 스타트업으로 이직을 하려고 하지 않지요. 전통산업군에서의 경력자의 이직자리는 점점 감소합니다. 그렇다면 새로운 세계인 스타트업도 생각해 보는 것이 좋습니다. 예전처럼 스타트업이 IT분야에만 있지 않습니다. 오히려 전통산업분야인데도 스타트업이 꽤 있습니다. 최근에는 화장품 스타트업이 업계의 전통강호를 앞질렀다는 뉴스도 있었는데요, 이처럼 이제 스타트업은 IT

에 한정되지 않고 다양한 분야에서 생겨나고 있습니다. 그만큼 시니어에게도 기회가 있다고 생각합니다. 다만 이제는 리더나 자문의 역할이 아니라, 플레잉코치 같은 실무자로서의 역할을 하겠다는 마음가짐이 필요합니다. 이제 시니어는 더 이상 관리 직에만 한정되지 말고 '행동직'으로 일을 확장해야 하겠습니다.

## 라. 난 자리의 역설

든 자리는 몰라도 난 자리는 안다. 어떤 뜻인지 이미 잘 아시지요? 통상 있을 땐 소중함을 느끼지 못하고, 없어지고 나서야 소중함을 느끼게 된다는 뜻입니다. 우스갯소리로 '있을 때 잘해!'라고 말할 정도로 '난 자리'가 되어서야 소중함을 느끼게 됩니다.

그만큼 '난 자리' 즉 비어있는 포지션의 충원은 매우 중요한 일입니다만, 채용의 현장에서 '난 자리의 역설Paradox of Vacant seat이 발생하는 경우를 많이 보아왔습니다. 특히, 리더의 포지션일 때 '난 자리의 역설'은 더 심각해집니다. 제가 희생자가 되었던 경험을 가지고 있기도 합니다. 중요한 포지션이 비어있으면 분명히 그 자리에 적합한 누군가를 채용하는 것이 기업의 입장에서는 매우 중요할 텐데요, '난 자리의 역설'이 무엇인지, 그리고 어떤 피해가 생기는지 알아보겠습니다. 물론 '난 자리의 역설'은 저만의 표현임을 양해 부탁드립니다.

### 1단계: 누군가의 퇴사와 빈자리의 발생

처음에는 비어 있는 자리의 일을 주변의 사람들이 나눠서 대응을 해야 합니다. 4명으로 이루어진 팀인데 갑자기 3명이 하면 힘들겠지요. 그런데 리더의 포지션이라면 문제가 더 심각해집니다. 다른 리더가 겸직을 하게 되는 경우가 많은데요, 전문성이 전혀 없기에 해당 업무는 아무런 진전 없이 그저 현장유지만 겨우 하게 됩니다. 문제가 생겨도 언젠가 이 자리에 올 '그 분'이 해결하길 바라며 조용히 덮는 경우가 많습니다.

### 2단계: 어느새 익숙해진 공백

사실 2단계가 되기 전에 충원이 이루어져야 합니다. 내부 이동이던, 외부에서 채용을 하던지 말이지요. 특히 작은 조직에서의 리더의 포지션은 내부 승진으로 대응하기에는 매우 어렵기 때문에 외부에서 채용을 해야만 합니다. 이때 빠르게 채용을 해야 하는데, 바쁜 회사일과 최고 리더의 의사결정 번복과 우유부단으로 인해 채용이 지연될수록 문제는 악화됩니다. (사실 퇴사한 리더는 이러한 최고 리더의 의사결정 번복과 우유부단으로 퇴사했을 가능성도 있습니다.)

### 3단계: 위험한 착각의 도래

누군가 없어도 회사일은 어찌어찌 흘러갑니다. 하지만 언제 터질지 모르는 폭탄의 크기만 커져갑니다. 리더 포지션이 공석이라면 더욱더 심각합니다. 당장 눈앞의 업무공백은 팀워크로 겨우 대응하게 되는데, 최고 리더는 이를 보고 아무런 문제없이 회사가 흘러가고 있다는 오해를 하게 됩니다. 결국, 이 자리에 누군가가 없어도 괜찮겠다는 생각을 하기 시작합니다. 퇴사한 누군가는 애초부터 불필요한 사람이었고, 지금의 인원으로도 충분히 문제없이 업무를 진행할 수 있다는 착각을 하기 시작합니다. 착각은 곧 근자감(근거 없는 자신감)으로 변합니다.

### 4단계: 공허한 채용과 뜨거운 감자

이제는 비어있는 자리에 대한 충원의 필요성을 느끼지 못합니다. 그렇게 되면 지원자에 대해서 한없이 눈이 높아집니다. 'S' 아니면 안 돼라던지, 대기업출신 아니면 서류도 통과 못하는 상황이 발생합니다. 누군가 채용이 되어도 충원에 대한 절실함도 거의 사라졌기 때문에, 경력입사자에 대해서 한없이 지적질을 하기 시작합니다. 이미 조직의 상층부는 비어있는 자리에 대한 필요성이 없어진 상태(라고 오해하고 있지요.)라고 생각하기 때문입니다. 경력입사자는 내가 여기서 무슨 일을 할 수 있을 것인지에 대한 회의가 생깁니다. 결과는 이별이죠. 자의나 타이냐의 차이만 있을 뿐입니다.

### 5단계: 무의미한 도돌이표의 반복

이젠 관성적, 습관적으로 계속해서 채용공고를 올립니다. 그 누구도 먼저 이 포지션이 이제 회사에서 필요 없다고 말하진 못합니다. 채용-입사-퇴사-재공고-입사-퇴사가 무한 반복됩니다. 최고리더만 모르는 폭탄은 점점 커져갑니다.

채용사이트를 매일 꾸준히 검색하다 보면 그리 어려운 기술 스택을 가져야 하는 포지션이 아닌데도 오랜 기간 동안 보십 공고를 게시하는 경우가 많습니다. 특히 인사팀장 같은 어느 정도 범용적인 포지션임에도 상당 기간 동안 채용을 진행하는 경우가 많습니다. 저는 같은 기업의 인사팀장 포지션을 여러 번 제안 받아본 경험이 있는데요, 이 기업은 벌써 몇 년째 계속해서 인사팀장을 채용하고 있습니다. 이른바 이런 블랙리스트 기업은 해당 업계 혹은 업무의 사람이라면 누구나 알고 있습니다. 본인의 회사가 블랙리스트라는 것은 CEO 혹은 오너만 모를 뿐입니다.

특별히 어려운 포지션이 아닌데도 오랜 기간 채용공고에 있는 경우, 같은 공고가 계속해서 사라졌다 나타났다를 반복하는 경우, 지원자는 혹시 '난 자리의 역설'이 아닌지 잘 판단해야 하겠습니다. 제가 '난 자리의 역설'의 피해자가 되었을 때는, 제 포지션에서 1년 동안 이미 4명이 거쳐갔다는 사실을 알게 된 이후였습니다. 혹여 저 같은 피해자가 더 이상 없었으면 하는 바람입니다.

## 마. 성급한 개혁은 화를 부른다

경력직으로 이직을 하게 되면 빨리 성과를 보여주겠다는 마음이 앞섭니다. 뭔가 '큰 것 한방'을 노리게 됩니다. 이직을 해보신 분은 아시겠지만, 어느 회사가 나름의 질서와 문화가 있습니다. 그리고 그동안 쌓아온 일의 방식이 있습니다. 그런데 '큰 것 한방'을 노리게 되면 이직한 회사의 상황을 고려하지 않고 무조건적인 개혁만이 정답이라고 생각하기 쉽습니다.

이제 막 외부에서 합류한 입장에서는 기존 인원들이 왜 이렇게 일하는지 이해가 가지 않는 부분이 있습니다. 하지만 모두 나름대로의 이유가 있습니다. 단 그 이유를 알기 위해서는 그들과 부대껴가며 파악을 해야 하는데, 이는 어느 정도의 시간이 소요됩니다. 하지만 성과를 빨리 내고 싶어하기에 오직 문서로만 문제를 파악하고 정의해서 해결하려고 합니다. 회사의 모든 일이 문서안에만 있지 않습니다. 오히려 문서에 있는 내용은 빙산의 일각에 지나지 않습니다.

개선의 방향을 잡은 경력직 입사자는 경험과 역량을 총동원

하여 문제를 해결하려고 합니다. 그런데 기존 직원들의 입장에
서는 경력직 입사자의 성급한 개선은 자신들의 기득권을 탈취하
려는 외부세력으로 보이기 쉽습니다. 이른바 공공의 적이 되기
쉽습니다. 저도 예전 어느 기업으로 이직을 하였을때 의욕적으
로 일을 추진했는데, 일부 리더들에게는 제가 그들의 권력을 위
협하는 것으로 보였나 봅니다. 나중에 알게 되었지만, 그들은 최
고경영층에 저에 대한 안좋은 보고를 지속적으로 해왔었습니다.
결국 저는 많은 상처를 안고 퇴사를 하게 되었습니다.


## 바. 사내정치는 어디나 존재한다


앞에서도 말씀드렸는데요, 시니어 경력직 이직자들은 빠른 성
과를 자신을 증명하고 싶어합니다. 더구나 대기업출신의 시니어
들은 조직 안에서의 사내정치에 이미 신물을 느꼈습니다. 어느
줄에 서느냐가 승진과 출세를 보장받던 세상을 경험했기에 이
제는 정말 실력으로 승부를 보고 싶어합니다. 기존 직장에서 승
승장구하지 못했기에 이직이 불가피한 경우도 많습니다. 그래서
더더욱 실력으로 모든 것을 보여주고 싶어합니다.

하지만, 안타깝게도 적어도 제 경험 안에서는 조직이 작더라
도 사내정치는 존재합니다. 대기업에서는 차기 경영권을 차지하

고 싶어하는 파벌끼리의 싸움이었다면 작은 기업에서는 파벌보다도 대표(오너)를 향한 충성심 경쟁입니다. 누가 더 대표에게 충성하는 가로 다투지요. 대표역시 자신을 향한 충성을 즐기기도 합니다. 조직안에 있던 기존 세력들은 새로이 들어온 시니어에게 피아식별을 하고 싶어 합니다.

하지만 새롭게 합류한 시니어는 이제 사내정치를 하고 싶어 하지 않습니다. 그래서 묵묵히 자신의 일만 하려고 합니다. 사내정치가 횡행하는 한복판에서 독야청청하려고 하면 어떻게 될까요? 사람의 심리 중에 참 나쁜 면이 있는데요. 내가 가지지 못할 바에야 타인들도 가지지 못하게 합니다. 자신들의 세력으로 들어오지 않는 외부에서 온 시니어를 그들은 적으로 간주합니다. 그 이후로는 시니어에 대한 안 좋은 보고들이 대표에게 올라가게 됩니다. 그 뒤는 굳이 설명안해도 잘 아시겠지요?

## 사. 일자리는 직렬이 아니라 병렬로 이어져야 한다

주니어의 이직은 직렬입니다. 하나의 직장에서 퇴사를 하고 바로 다른 곳에 새로이 입사를 합니다. 혹 퇴사 전 타사 입사가 확정되지 않았더라도 급하지 않습니다. 어차피 대리과장급이 이직 시장에서는 인기가 좋기에 금방 새로운 직장을 구합니다. 제가 많이 활동하는 링크드인에서도 다음 커리어를 확정하지 않고 퇴사하는 분들을 많이 봅니다. 물론 대부분 주니어들입니다. 일단 잠시 휴식기를 가지고 다음 직장을 고민한다고 합니다. 얼마 있지 않아 다시 새로운 직장에 입사하신다고 소식을 전해옵니다.

시니어는 그렇지 않습니다. 차장 이상이 되면 이직이 어려워집니다. 그래서 지금 직장에서 퇴사를 하고 싶어도 다음의 일자리가 정해져 있지 않다면 함부로 사표를 던질 수 없습니다. 그리고 점점 나이가 많아질수록 이직 자체가 불가능할수 있습니다. 그럼에도 미래를 준비하지 않는 분들이 많습니다. 지금 직장에서 다닐수 있을만큼 최대한 다니려고 합니다. 퇴사를 하게 되면 그때 새로운 직장을 알아보려고 합니다. 하지만 누구나 퇴직은 원하지 않는 시기에 갑자기 다가오게 됩니다.

4말5초는 더 이상 이직이 어려울 수도 있습니다. 그래서 사이드잡을 하면서 어떻게 될지 모르는 미래를 준비해야 합니다. 그런데 미래의 단초가 될 수도 있는 사이드잡마저도 전혀 해보려는 시도조차 하지 않습니다. 퇴사를 하게 되면 그때해보겠다고는 마음이지요. 과연 마음처럼 (원치 않는)퇴사를 하게 되더라도 쉽게 바로 사이드잡을 할 수 있을까요? (퇴사를 하게 되면 더 이상 사이드잡이라고 부르기도 어렵습니다.)

시니어의 이직은 직렬이 아니라 병렬이 되어야 합니다. 주니어처럼 퇴사와 이직이 자연스럽게 이어지기 어렵습니다. 급작스런 퇴사이후 다음 직장까지의 무직기간이 언제까지 계속될지 아무도 모릅니다. 사이드잡이 이전 직장과 미래의 직장을 이어주는 중요한 다리가 될 수 있습니다. 사이드잡이 메인잡과 병렬이 되어야 적더라도 수입이 끊어지지 않고 유지될 수 있습니다. 저의 경우 사이드잡으로 해왔던 강의 덕분에 비자발적 무직기간에 일을 할 수 있었습니다. 그렇게 사이드잡이 있어야만 다음 메인잡을 찾을 수 있습니다. 사이드잡이 없다면 조급함에 매몰되어 내몰리기 쉽습니다. 그렇게 커리어가 꼬이기 쉽습니다.

## 아. 이젠 상사가 당신보다 어리다

대부분의 기업에서는 직급상 서열과 나이가 비슷합니다. 승진인사도 어느 정도는 나이를 고려해서 진행됩니다. 그래서 짬밥(경력)이 곧 서열이고, 서열대로 직책인 경우가 많습니다. 오히려 이런 구조가 4말5초들에게는 편합니다. 나보다 나이어린 사람에게 고개 숙이는 것도 싫지만, 나보다 나이 많은 부하직원은 더 싫기 때문입니다.

하지만, 스타트업을 시작으로 이런 구조는 조금씩 무너지고 있습니다. 앞서도 말씀드렸듯 스타트업 창업초기에는 기존 인원으로 어떻게 해서든 일을 하지만 성장궤도에 올라타게 되면 외부인사 영입을 통해 부족한 경력과 경험을 채우려고 합니다. 하지만 스타트업 창업자들은 보통 어린 나이에 창업을 합니다. 대학교때 창업하기도 하고, 졸업 이후 몇 년동안 다른 기업에서 일하다가 바로 창업을 하기도 합니다. 당연히 스타트업계로 이직을 하려는 4말5초보다는 훨씬 어립니다. 연공서열이 중시되는 조직에서는 나보다 나이 많은 부하직원을 매우 부담스러워합니다. 하지만, '님'문화를 기반으로 하는 스타트업에서는 그렇지 않습니다. 서로 님이라 호칭하며 나이에 대한 거부감을 없애려고 합니다.

제가 처음 스타트업으로 이직했을 때 신세계에 온듯 했습니다. 20년 가까이 연공서열이 기반인 조직문화에서 일해 왔기에 의전이나 상명하복은 너무나도 당연했습니다. 하지만, 스타트업은 달랐습니다. 무조건적인 'Yes'가 미덕이 아니었습니다. 그리고 리더의 지시를 무작정 기다리지도 않았습니다. 나의 일이니, 내가 먼저 움직이고, 먼저 개선책을 말했습니다. 리더는 구성원에게 지시보다는 설득을 해야만 했습니다. 건전한 토론은 일상이었습니다. 물론 천사만 있지 않았기에 삐걱거리긴 했지만, 적어도 대기업과는 천상지차였습니다.

저의 직속상관들은 모두 저보다 나이가 어렸습니다. 동료들 중에는 띠동갑이 태반이었습니다. 물론 저보다 나이가 많은 사람도 있지만, 소수였습니다. 연공서열이란 개념은 점점 저의 머릿속에서 사라졌습니다. 기수문화가 강한 조직은 후배기수가 상관이 되면 선배기수가 옷을 벗기도 합니다만, 스타트업은 나이보다는 역할과 성과위주였습니다. 그 덕분에 저는 연공서열 문화와 스타트업 문화를 모두 이해하고 생활할 수 있게 되었습니다. 현재 저의 슬래시 커리어 1호는 6·25이전에 창간한 오래된 언론사입니다. 이곳의 문화는 저에게는 많이 익숙합니다. 하지만, 슬래시 커리어 2호는 이와는 반대로 창업 3년차 스타트업입니다. 물론 대표이사는 저보다 나이가 어립니다. 하지만, 나이는 전혀 문제가 되지 않을 뿐더러 서로 존중하면서 즐겁게 일하고 있습니다.

이전의 스타트업 경험이 있었기에 큰 문제없이 '나이'라는 허들을 넘을 수 있었는데요, 처음 이런 문화를 접할 때에는 상당한 충격이 있을 수 밖에 없습니다. 하지만 최근 성장궤도에 오른 스타트업들의 홈페이지를 보면 '젊은' 창업자들과 '시니어'가 회사의 주요 요직에 있음을 쉽게 볼 수 있습니다. 시니어들은 주로 재무, 영업, 관리 등 어느정도 경험과 경력이 필요한 직책에 많이 포진하고 있는데요, 앞으로는 스타트업계에 시니어들의 역할이 더 커지리라 생각합니다.

## 자. 이젠 얼굴이 아니라, 매운맛이 필요하다

예전에는 힘있는 조직에서 퇴사하는 사람들은 다른 곳으로 쉽게 이직하곤 했습니다. 주로 기존 회사와 관련된 협력사들이 많았습니다. 퇴직자는 협력사의 영업고문등으로 자리를 옮긴 뒤, 예전 부하직원들을 상대로 영향력을 행사 했습니다. 자칫 잘못하면 회사간 문제가 될 수있는 일도 매끄럽게 해결했습니다. 그저 얼굴하나로 모든 것이 통했습니다. 바른 소리를 하고 싶어도 서열과 기수문화가 기반이었기에 아직 내부에 있는 퇴직자의 동기나 그분 후배들의 눈치를 볼 수 밖에 없었습니다. 또한 본인들도 언젠가 그렇게 협력사로 갈 운명이라고 생각했기에 전관예우는 견고했습니다.

하지만, 이제 이런 전관예우 문화는 뿌리부터 흔들리고 있습니다. 이젠 사기업은 물론 공공기관에서도 상사가 함부로 담당자를 찍어 누를수 없습니다. 담당자는 합당한 이유가 있어야 움직입니다. 예전과 달리 업무에 문제가 생겼을때 책임소재도 명확해졌기 때문에 담당자도 당당하게 일할수 있습니다. 그리고 순혈주의가 희미해져 대기업에도 이제는 많은 경력직들이 있습니다. 선후배이기 때문에 특혜를 주고 받는 일은 없습니다.

이제는 어디 출신이 중요하지 않습니다. 어떤일을 할수있고 어떤 성과가 가능한지만 봅니다. 그래서 이젠 얼굴로만 일하려고 하는 시니어는 점점 더 발붙일 곳이 없습니다. 내가 매운맛이 없고서야 나를 찾는 기업은 없습니다.


## 차. 토사구팽은 필연적이다?

직장에서 내몰리게된 시니어들이 잘 사용하는 표현이 있습니다. 조직에서 '팽'당했다고 합니다. 우리는 토사구팽을 매우 안좋은 의미로 사용합니다. 조직에서 '정치적인 이유로' 쓸모없어져 버림을 당할때를 말하니까요. 하지만 '정말로' 쓸모없어져서 팽을 당했다면 어떨까요?


### (이야기 하나)

영화 '대부The Godfather'는 미국의 마피아 가문들의 이야기입니다. 각각의 마피아 가문들에는 가장 최고 리더를 보좌하면서, 행동대장들과의 가교 역할을 하는 매우 중요한 직책이 있습니다. '콘실리에리'라고 하는데요, 기업으로 보면 CSO 혹은 COO 정도로 보입니다. 대부의 주인공 가문인 꼬를네오네 가문의 콘실리에리는 대부 비토 꼬를네오네의 아들 중 입양자 '톰'이라는 사람이 맡습니다. 대부 비토는 그의 가문과 주변을 평화롭게 이끌어 나갔지요.

이후 톰보다 동생인 마이클(알 파치노)이 나중에 아버지의 뒤를 이어 집안을 이끌게 됩니다. 그러면서 다른 마피아 가문들과의 전면전에 돌입하게 됩니다. 이때 마이클은 형인 톰을 '콘실리에리'에서 내려오게 합니다. 갑작스러운 인사발표(?)에 톰은 동생에게 이유를 묻습니다. 이에 마이클은 대답합니다.

"형님은 전시의 '콘실리에리'로는 적당하지 않아요. 난 형님이 전선에 나가지 않고 후방을 지켜 주기를 바라요."

**(이야기 둘)**

토사구팽의 유래를 알고 계시나요? 중국 춘추시대 패권을 차지했던 월나라가 있었습니다. 월나라의 왕 '구천'을 위해서 '범려'와 '문종' 두 사람은 분골쇄신합니다. 하지만, 패권을 차지한 이후 범려는 구천과는 고난을 함께 할 수 있지만, 영화를 함께 누릴 수 없는 인물이라 평하며 월나라를 탈출합니다. 범려는 탈출 후, 토끼사냥이 끝나면 사냥개는 잡아 먹힌다며 문종에서 탈출을 권유하지만 문종은 듣지 않습니다. 문종은 결국 반역자로 몰려 자결에 이르게 됩니다. 우리가 잘 아는 '토사구팽' 고사는 후에 한나라 건국의 공신인 대장군 한신이 결국 반역자로 몰려 죽음에 이르게 되면서 널리 알려지게 되었습니다.

기업의 성장스토리를 보면 많은 리더들이 등장합니다. 역사가 몇십 년에 이르는 대기업에는 창업주를 비롯해서 고비마다 등장했던 여러 리더들의 이야기가 전설처럼 내려오지요. 저 역시 역사가 오래된 기업부터 다양한 기업을 경험하면서 많은 리더들을 관찰할 수 있었습니다. 관찰하면서 느낀 점은 상황 혹은 단계에 따라 적합한 리더들이 많이 달랐음을 알게 되었습니다.

제가 신입사원시절, 회사는 감자(주주들로부터 주식을 사들여 소각하는 행위)에 정신이 없었습니다. 저 역시 할당(?)을 받아 주주들을 찾아다니며 감자동의서의 서명을 받느라 정신이 없었습니다. 회사의 위기였습니다. 이때 CEO로 새롭게 오신 분은 영업의 귀재였습니다. 민간, 공공 가릴 것 없이 공격적인 영업을 주도하셨고, 회사는 일취월장으로 다시 일어섰습니다.

어느 정도 예전의 명성을 되찾은 이후에는 기획과 관리에 능통한 분이 CEO로 선임되었습니다. 회사 내부 출신이다 보니, 차근차근 능숙하게 내부 교통정리를 진행하셨지요. 이후의 CEO들도 회사가 처한 상황이나 지향점에 따라 강점이 분명한 분들로 계속 선임이 되었습니다.

중소기업이나 스타트업은 직원수가 많지 않기 때문에 리더들의 영향력이 빠르고 강력하게 미치게 됩니다. 그만큼 리더의 선임이 대기업보다 더 중요합니다. 기업이 성장하는 시기에는 성장을 주도할 수 있는 인재가 리더가 되어야 합니다. 전문성은 기본이고, 일을 주도할 수 있는 리더들이 필요하지요. 이후 성장이 어느 정도 궤도에 오르게 되면 협력과 조화를 통해 공동의 목표에 나아갈 수 있도록 조직을 아우를 수 있는 리더들이 필요해집니다. 혹은 퇴사자가 급격하게 많아지고, 조직이 흔들릴 때는 관리형 리더가 필요하게 되겠지요. 유능한 CEO 혹은 기업주는 각각의 상황에 적합한 리더들을 선임해야 합니다.

문제는 기업의 상황이 변할 때 발생합니다. 성장이 어느 정도 단계에 이르고, 이제는 팽창한 조직을 관리하는 것이 더 필요한 상황이 발생하였음에도 성장주도형 리더들이 기업을 리드한다면 어떻게 될까요? 혹은 흔들리는 조직을 잘 관리해서 위기를 넘기고, 다시 성장을 주도해야 할 때 관리형 리더가 계속해서 기업을 리드한다면 어떻게 될까요?

제가 위에서 예시에 든 상황과 비교해 보면 어떨까요? 결국 토사구팽은 전쟁주도의 리더가 더 이상 필요 없게 되고, 통치와 관리주도의 리더가 필요한 시기에 발생했습니다. 전쟁만 할 줄 아는 리더는 빠르게 전문분야를 전환(침략전쟁전문가 → 국경방어전문가) 하거나 자리에서 물러나야 하겠죠. 하지만, 계속해서 권력을 쥐고 놓지 않게 됨에 따라 리더십에 문제가 발생하게 되었습니다. 결국 토사구팽은 필연적이었다고 생각합니다. 즉, 전시의 리더십과 평시의 리더십은 달랐던 것이지요.

마크 트웨인이 말했다고 하는데요(확실하진 않습니다), 누가 한 말을 떠나 소름 돋을 정도의 통찰이 있는 말이 있습니다.

"망치를 가진 자는 모든 문제를 못으로 본다."

성장주도형 리더는 모든 문제를 그저 불도저처럼 밀어붙이면 해결이 된다고 생각할 수 있습니다. 관리형 리더는 모든 문제를 규칙에 따라 통제하면 해결이 된다고 생각할 수 있습니다. 상황에 따라 다른 해법이 필요한 것처럼 기업도 상황에 따라 다른 리더십이 필요합니다.

표면적으로는 단순하게 나이가 많아서, 오너에게 찍혀서 등등의 사유일수 있지만, 진짜 이유는 상황에 맞지 않는 리더이기 때문일수 있습니다. 이는 새롭게 이직할 조직에도 똑같이 적용됩니다. 성장궤도에 오른 기업인지, 내부관리가 더 필요한 기업인지 말이지요. 이를 알아야 조직의 상황에 필요한 리더십을 발휘할 수 있습니다. 그렇지 않다면 또다시 '팽'을 당할 수밖에 없습니다.

## 카. 함부로 친구를 만나면 위험합니다

참새가 방앗간을 절대 지나치지 못하는 영화 한 편 이야기를 해드리려고 합니다.

저는 야구를 '매우' 좋아하지는 않습니다. 한때 많이 좋아하고 즐겨보기도 했었지만, 야구장에 가거나 주말 낮에 집에서 한가로이(?) 중계방송을 볼 상황이 안되기 때문에 어느새인가 야구와 많이 멀어지게 되었습니다. 그런 제가 동영상을 뒤적거리다가 우연히라도 보게 되면 끝까지 보게 되는 야구 영화가 있습니다. 슬램덩크처럼 짜릿한 승부가 재미있는 영화도 아닙니다. 재미없는 통계이야기와 협상이야기가 가득한 영화입니다. 즉, 재미있는 영화는 아니지요. 그런데, 한번 보기 시작하면 엄청난 몰입감으로 보게 되는 영화입니다. 실화를 바탕으로 한 그 영화는 바로 머니볼Moneyball(2011)입니다.

모두 잘 아시는 영화일 겁니다. 브래드 피트라는 유명한 배우가 주연이기도 하고, 야구를 조금이라도 아는 분들에게는 그 어떤 야구경기보다 더 재미있을 수 있는 선수 스카우트 막후 이야기이기도 합니다. 많은 명대사들이 있지만 저는 유난히 다음의 대사를 좋아합니다.

"머리에 한 발 쏠래? 가슴에 다섯 발 쏠래?"

어떤 상황에서 나온 대사일까요? 방출대상자가 된 선수에게 방출을 통보해야 하는 상황입니다. 통보 담당자는 마음이 여리고, 경험이 없는지라 선수 앞에서 한없이 작아지기만 합니다. 혹여나 선수의 마음이 다칠까 봐, 혹은 화를 내지 않을까 싶어서 그야말로 '돌려 돌려' 이야기를 합니다. 돌려 말하는 담당자의 말에 결국 방출통보를 받는 선수들이 더 화를 냅니다.

이를 지켜보던 단장(브래드 피트)이 담당자에게 충고합니다. "머리에 한발 쏠래? 가슴에 다섯 발 쏠래?" 감정도 중요하지만, 어차피 결과가 나온 이상, 이성적으로 요건만 빨리 말하는 것이 좋다고 말이지요. 담당자는 이 조언을 듣고 혹여 하는 마음에 실행을 해보는데, 결과는 의외였습니다. "당신은 방출되었습니다." 이 한마디에 선수는 "OK" 한마디를 남기고 바로 떠납니다. 이미 결과는 정해져 있는데 감정을 위로하려다보니 오히려 듣는 사람이 기분이 나쁘거나 혹은 이상한 기대를 하게 만들수도 있습니다.

비자발적 퇴사를 하게 된 이후 저는 가급적 친구와의 만남을 피해왔습니다. 물론 친구를 만나면 많은 위로를 받을 수도 있고, 무엇보다도 사방의 적들로 둘러쌓인 사면초가 같은 세상에서도 무장해제하고 쉴수 있어서 좋습니다. 더구나 친구는 무조건 나의 편이죠. 그런데 나의 편이기 때문에 오히려 내가 더 위험해 질수 있습니다.

"걱정마. 너 정도면 충분히 더 좋은 기업에 다시 취업할수 있어"

이 한마디에 많은 위로가 되겠지만, 이미 우리는 4말5초 시니어입니다. 어느 직장에 있다한들 통계적으로 이미 퇴사할 나이입니다. 친구이기 때문에 힘을 주려고 위와 같이 위로를 하겠지만 이 위로는 오히려 나를 객관화하지 못하는 계기가 될수 있습니다. 차라리 머리에 한방 맞는 것처럼 이제 우리나이는 재취업이 어려우니 일단 가벼운 아르바이트라도 하면서 다른 직업을 알아보는게 좋겠다는 얘기를 냉정하게 들어야 합니다. 감정적인 위로를 받아보았자 그날만 잠시 위로가 될뿐입니다. 오히려 심각한 신세한탄으로 이어지면 한없는 자기 연민에 빠질수도 있습니다. 이후 상황이 조금 좋아져서 친구를 만나게 되어도 상황이야기보다는 옛날 이야기에 집중하면서 그저 그 순간을 재미있게만 즐기려고 했습니다. 잠시 스트레스를 잊는 시간으로 활용했습니다.

갑자기 상황이 안좋아지더라도 친구와의 만남은 잠시 미뤄두시길 바랍니다. 우리에게는 머리에 한발보다, 가슴의 다섯발이 더 위험합니다.


## 타. 늦은 나이는 없다


가슴에 다섯발보다는 머리에 한발이 낫긴 합니다만, 지금까지 너무 머리에 여러발을 쏜 것 같습니다. 나이 먹은 것이 죄가 아닐진데 너무 듣기 불편한 말씀만 드린 것 같습니다. 시니어를 위한 불편한 진실들 중 가장 마지막으로는 그럼에도 불구하고 시니어를 위한 희망에 대해서 말씀을 드리고자 합니다.

사실 늦었다라고 하는 판단은 절대적이지 않습니다. 누구나 상황이 다르기에 대학을 졸업하면 바로 취업을 해야 한다거나 50살이 되면 은퇴를 해야 한다거나하는 절대 기준은 없습니다. 다만 사회적 통념상 대다수가 그렇게 할 뿐입니다. 하지만, 사회적 통념은 많은 사람들이 비슷한 삶을 살던 시기에 만들어진 것입니다. 지금은 우리가 상상하는 것 이상으로 다양한 삶을 사는 사람들이 존재합니다. 물론 이렇게 생각하실수도 있습니다. 그건 단지 '세상이 이런일이'에나 나오는 드라마 같은 삶이라고 말입니다. 하지만 시니어에 이르러 오히려 인생의 황금기를 만들었던 사례들이 실제로도 존재합니다. 이렇게 말하는 저역시 50이 되어서 무엇을 할 수 있을까 고민했었습니다. 그러던 와중에 이 챕터의 제목과 동일한 제목의 책을 읽고 생각의 방향을 바꿀수 있었습니다.


**늦은 나이는 없다**(최익성, 파지트, 2025)


이 책은 제가 출판기념회에도 다녀오긴 했지만, 이책을 주제로 숏츠를 만들면서 더 깊게 읽어볼수 있었습니다. 이미 널리 알려졌지만, 우리가 잘 가는 맥도날드나 KFC는 창업자들이 늦은 나이에 창업한 브랜드입니다. 심지어 할랜드 샌더스는 KFC를 60대에 창업하였지요. 저에게는 단순히 먼나라 사례가 아니라 늦은 나이에도 충분히 무엇인가를 이룰수 있다는 증거입니다. 늦었다는 것은 단지 마음의 문제일뿐, 이제부터 시작입니다.

# 시니어의 이직을 위한
# 소소한 팁

## 가. 매일매일 검색해야 합니다

너무나도 당연한 얘기겠지만, 매일매일 채용공고를 살펴보아야 합니다. UX/UI가 나에게 잘 맞는 플랫폼 1~2개 정도를 정해서 수시로 보아야 합니다. 더 많은 플랫폼을 보면 더 좋겠으나 앱마다 UX/UI가 모두 다릅니다. 익숙해지기까지 꽤나 시간도 걸립니다. 내가 다루기 쉬워야 빠르게 오류없이 지원할 수 있습니다.

하지만, 여기서 더 중요한 전제조건이 있습니다. 이직을 해야 할 때가 되었을때 채용공고 검색을 시작하면 이미 늦습니다. 평소에 내 전문분야에 게시되는 공고를 꾸준히 보아야 보이는 것들이 있습니다. 경력직을 채용할때는 당연히 그에 걸맞는 이유가 있습니다. 그런데 경력직 채용이 유난히 많은 기업들이 있습니다. 평소 채용공고 게시판을 자주 보다보면 유난히 눈에 잘뜨이는 기업들이 있습니다. 제 경험상 그런 기업들은 몇 가지 유형으로 구분할 수 있습니다.

첫 번째, 성장하는 기업입니다. 새로운 사업분야에 진출하거나 혹은 기존 분야가 더 고도화될때 경력직을 많이 채용하게 됩니다. 시니어에게는 좋은 기회가 될 수 있습니다. 하지만, 불행하게도 경력직 채용공고에서 이런 경우는 흔치 않습니다. 성장하는 기업이라면 자금상황도 나쁘지 않을 테고, 중요한 포지션인만큼 일반 채용공고보다는 써치펌을 통해서 정말 고급 인재를 채용하려 하기 때문입니다. 써치펌을 통하지 않는다 하더라도 좋은 기업이기에 지원경쟁률이 매우 높습니다.

두 번째, 채용하는 포지션 혹은 팀자체가 이미 블랙홀인 경우입니다. 채용공고를 최소 3개월 이상 꾸준히 보아 오셨던 분이라면 눈치 챌 수 있습니다. 같은 포지션 공고가 계속해서 올라오는 경우가 있습니다. 잠시 보이지 않았다가 다시 똑같은 공고가 올라온다면 그 사이에 이미 한사람이 합격했다가 퇴사했다는 뜻입니다. 그렇게 또 게시되다가 조용히 사라집니다. 누군가 또 합격을 했겠지요. 하지만, 다시 또 똑같은 공고가 올라오게 됩니다. 제 분야인 HR에서도 그런 기업들이 있습니다. 벌써 몇년째 똑같은 포지션 공고가 계속해서 올라옵니다. 그 포지션은 그 누가 들어가더라도 오래 근무하기 어렵습니다. 앞서 말씀드렸던 난 자리의 역설Paradox of Vacant seat이 바로 이런 경우입니다. 간혹 팀장과 팀원을 동시에 채용하는 공고도 있습니다. 해당 업무팀이 새롭게 신설되는 경우도 있지만, 기존의 업무와 관련된 팀인데 팀장과 팀원을 동시에 채용한다면 아마도 동시에 퇴사했을 가능성이 크겠지요.

세 번째, 기업 자체가 블랙리스트인 경우가 있습니다. 이 경우 두 번째 케이스처럼 특정 포지션 공고가 계속해서 올라오기 보다는 다양한 포지션의 공고가 올라옵니다. 언뜻 보기에는 첫 번째로 말씀드린 성장하는 기업처럼 보입니다. 하지만, 블라인드 등 기업평판 사이트를 조금만 검색해 보아도 기업의 실체를 바로 알 수 있습니다. 통상 이런 기업들이 제일 많이 사용하는 단어는 '사세확장'입니다.

추가적으로 채용공고에서 "~~급"이란 단어를 많이 조심해야 합니다. 보통 팀장급, 임원급 이란 표현들이 많이 사용되는데요, 팀장이면 팀장, 임원이면 임원이라고 명확하게 표현하면 되는데도, 굳이 '급'이란 표현을 사용한다는 것은 얼마든지 직급을 후려칠 수 있다는 뜻이기도 합니다. 면접에도 팀장이라고 했지만, 막상 입사하고 보니 팀장이 아닌 팀장급이란 표현으로 격하시키는 경우도 있습니다. 팀장의 일을 하며, 팀장의 책임을 지지만, 연봉은 팀장'급' 파트장이 될 수 있습니다.

## 나. 우대사항을 주의해야 합니다

채용공고를 보면 자격사항이 있습니다. 보통 필수사항과 우대사항으로 나뉘게 됩니다. 필수사항에는 경력 연수나 재직했던 기업규모 등 아주 일반적인 내용들이 포함됩니다. 우대사항에 가서는 가급적 어떤 업계에 종사했거나, 어떤 전공을 했는지를 중요하게 봅니다. 시니어들이 마음이 급해서 여기저기 많은 기업에 지원을 할때 보통 필수사항만 보는 경우가 많습니다. 필수사항은 말그대로 필수이긴 하지만, 더 정확하게 표현한다면 지원가능 조건정도로 보시면 됩니다. 인사담당사가 이력서를 보았을 때 일단 출력은 해보자수준입니다. 물론 필수사항도 충족하지 못한다면 출력조차 안 되고 바로 삭제됩니다.

그렇게 시니어는 수십 군데에 지원을 합니다. 하지만, 중요한 것은 우대조건입니다. 채용장면에서의 '우대'는 우리가 평소 사용하는 '우대'와 약간 뜻이 다릅니다. 필수조건에 너무 빡빡하게 조건을 명시할 경우 지원자 자체가 적어질 것을 우려해서 필수조건은 '헐렁'하게 명시합니다. 그러면 필수조건만 보고 지원자가 많아집니다. 윗선에 보고하기 좋습니다. 경쟁률이 높아야 윗선은 만족하기 때문입니다. 하지만, 진짜 조건은 우대사항입니다. 우리가 생각하는 우대는 '없어도 상관없지만, 있으면 좋은' 것인데요, 채용에서는 면접에 가기위한 필수조건입니다. 왜 합격도 아닌 면접이냐면, 면접에 가게 되면 공고에 명시되지 않았던 다른 항목들이 더 큰 판단기준이 될 수 있기 때문입니다. 이를테면 특정기업이나 특정학교 출신 등 입니다.

수십 군데에 지원을 하지만, 모두 서류에서 탈락합니다. 심지어 불합격 통보도 없습니다. 그렇게 되면 마음이 급한 시니어는 금방 지치고 포기하기 쉽습니다. 서류합격 확률이 10%이하이면 심정이 어떨까요? 조건이 되지도 않는 기업에 지원해서 마음에 상처를 받기보다는 우대사항을 만족하는 기업에만 지원한다면 멘탈유지에도 큰 도움이 됩니다. 이직은 기본적으로 장거리이기에 초중반에 지치면 안됩니다.

## 다. 경력은 색인이 아니라 차례가 되어야 합니다

시니어들의 경력과 경험은 이미 차고 넘칩니다. 시니어들의 이력서들을 보다보면 너무 내용이 많아서 문제인 경우도 많습니다. 사실 이력서는 첫 번째, 두 번째 장에서 당락이 결정됩니다. 그런데 너무 세세한 내용까지 나열하다보니 7~8장이 넘어가는 이력서는 보기에도 막막합니다. 책을 볼때 책의 전체 내용과 주제를 빠르게 파악하기 위해서는 차례를 보면 좋습니다. 내용의 성격이나 서사에 따라 몇 개의 장으로 구분되고 장 이하에는 챕터로 구성됩니다. 숲이 대략 어떤 모양인지 알아야 나무 하나하나를 볼 수 있습니다.

그런데, 책에는 차례 외에도 색인이 있습니다. 색인은 책에 나오는 단어나 내용을 쉽게 찾아보기 위해 만든 목록입니다. 차례는 앞에 있지만, 색인은 뒤에 있습니다. 차례보다 색인을 먼저 보면 혼란스럽습니다. 그저 가나다순, 단순 시간순 정도로 배열되어 있기에 이 책이 어떤 내용을 담고 있는지 파악하기 어렵습니다. 시니어의 경력은 색인이 아니라 차례가 되어야 합니다. 그저 재직했던 회사의 나열이 아니라, 역량이 어떻게 성장해 왔는지, 어떤 성과를 순차적으로 창출해 왔는지 나타나야 합니다. 그러기 위해서는 적절한 요약과 구조화가 필수입니다. 단순하게 표로 만든다고 해서 해결되지 않습니다. 경력을 차례로 만드는 법은 뒤에서 다시 말씀드리겠습니다.


## 라. 숫자와 결과로 말해야 합니다

시니어들은 내가 어떤 일을 했는지 이야기하고 싶어 합니다. 그런데 계약고 100억짜리 프로젝트를 했다거나, 충청도의 고객사를 총괄 관리했다거나 하는 대략적인 규모로 이야기 합니다. 새로운 경력직을 채용하려는 기업은 어떤 결과를 만들었는지를 더 궁금해 합니다. 계약고 100억짜리 프로젝트를 했다는 것도 중요하지만, 그 프로젝트에서 어떤 수익을 만들었는지가 더 중요합니다. 큰 프로젝트를 경험한 시니어는 많습니다. 하지만 의미있는 결과를 만들어낸 시니어는 많지 않습니다.

그리고 결과는 반드시 숫자여야 합니다. 100억짜리 프로젝트를 수행해서 10억의 수익을 만들었다거나 충청도의 고객사가 최초에는 50개사 였는데, 2년뒤 100개사로 증가했고, 이에 따라 충청도권역에서의 매출이 140% 상승했다고 해야 합니다. 하지만, 많은 시니어들은 그저 내가 어디랑 얼마짜리 프로젝트를 했는데… 정도의 무용담을 이력서에 올립니다. 결과 없는 이력은 그저 나열에 불과합니다.

## 마. 이력서 첫 장에 써야 할 것

이력서의 첫 장에는 어떤 내용이 들어가야 할까요? 당연히 나에 대한 기본 정보는 들어가야 합니다. 기본정보는 생년, 주소, 출신 학교 정도가 되겠지요. 그럼 그 다음으로는 어떤 내용이 들어가야 할까요? 그 다음으로는 주요 재직기업 정도입니다. 특별할 것은 없습니다. 하지만, 이 내용들을 위에서 말씀드린 '차례'로 만들어주는 방법이 있습니다.

재직기업과 직책/직급 단순 나열이 아니라, 업무의 내용이 중요합니다. 통상 어느 기업의 어느부서에서 파트장으로 몇 년 근무정도만 작성하지요. 하지만 이력서를 검토하는 사람입장에서는 단순 정보의 나열에 불과합니다. 각각의 기업과 포지션에서 어떤 업무를 수행했는지를 포함해야 합니다. HR팀장이라는 직책보다 전사 평가제도 수립 및 운영이 나의 경력을 더 잘 표현할 수 있습니다.

그 다음에는 각각의 기업과 포지션의 내용들을 크게 세가지 정도로 구분해야 합니다. 보통 '핵심역량'이라고 표현하는데요, 기업에서 필요로 하는 JD에 맞추어 나의 역량을 성리해서 삭성해야 합니다. 물론 그 재료는 위에서 작성한 재직기업과 업무입니다. 만약 채용하려는 기업이 계열사 신규 편입이나, M&A 등의 상황이라면 어떨까요? 아래의 예시를 보겠습니다.

**지원자 A의 주요 이력**

- 2000~2010 AAA 주식회사 HR파트장/대리

- 2010~2020 BBB 주식회사 HR 팀장/부장

- 2020~현재 CCC 주식회사 HR 총괄부문장/이사

**지원자 A의 핵심 역량**

1. 인사 시스템 구축 및 운영

2. 평가제도 수립 및 운영, 면담 시스템 운영

3. ERP 도입, 인사시스템 신규 구축

**지원자 B의 주요 이력**

- 2000~2010 AAA 주식회사 HR파트장 / 인사ERP 시스템 구축, 마이그레이션 진행

- 2010~2020 BBB 주식회사 HR 팀장 / 전사 평가제도 수립 및 운영, 면담 시스템 도입

- 2020~현재 CCC주식회사 HR 총괄부문장 / 전사 OKR 도입, 1ON1 제도화

**지원자 B의 핵심 역량**

1. 계열사 신규 편입 및 사업부문 자회사 분리에 따른 인사시스템 구축 및 운영

2. 노사합의에 따른 인사제도 개선에 따른 KPI 설정 및 평가제도 수립 및 운영

3. ○○그룹 M&A에 따른 그룹사 전용 ERP 및 인사시스템 도입

같은 내용이지만, 색인과 차례의 차이입니다. 직책보다는 실제 업무 내용, 핵심역량의 단순 나열보다는 채용사의 상황까지 고려하였다면 더할나위 없겠지요. 물론 위는 아주 단순한 예시에 불과하지만, 충분한 경험을 갖고 있는 시니어라면 자신의 전문 분야에 맞춰서 잘 작성하실 수 있으리라 믿습니다.

## 바. 지원사유가 경력 확장이 되어서는 안됩니다

앞에서 말씀드린 경력과 핵심이력과 더불어 기업이 중요하게 보는 항목은 지원사유입니다. 수많은 이력서들에서는 몇가지 공통점이 있는데요, 지원사유도 대부분 비슷합니다. 업무영역의 확장이나 성장, 혹은 경영상의 이유 등인데요, 이미 거의 모든 지원자들이 비슷한 사유를 이력서에 작성합니다. 여기서 다른 지원자들과의 차별성이 드러나야 합니다. 아래의 예시를 보시겠습니다.

### 지원사유: 기여와 공헌을 나타내세요.

저는 지난 20년간 HR부서의 성과관리 및 인사운영 담당자로서 승진, 인사이동 등 경영층의 핵심 의사결정을 지원해 왔습니다. 최근 AAA 주식회사는 글로벌 기준에 따라 HR 제도를 전면 개편하고 전략적 의사결정의 파트너로서의 HR부문을 강화해 왔습니다. 이는 제가 그동안 쌓아온 경력의 비전과 일치하며, 성공적인 제도 정착에 있어서 제가 공헌할 수 있다고 판단하여 지원하게 되었습니다. 입사 후에는 AAA 주식회사의 인사관리 전반에서 글로벌화와 미래 전략대응을 추구하는 비전에 따라 효율적인 의사결정이 이루어지도록 기여하겠습니다.

매우 낮간지러울수도 있습니다. 하지만 다른 지원자보다 더 적극적, 주도적으로 지원하는 자세는 큰 플러스점수를 받을 수 있습니다. 지원사유가 그저 업무능력의 전문성 강화라면 입사 후 다른 곳에서 더 전문성을 강화할 수 있다는 언제든 떠날 수 있다는 뉴앙스까지도 풍기게 됩니다. 적어도 지금 직장에서 내몰려서, 혹은 그저 더 좋은 처우를 위해서 이직한다는 자세는 절대 금물입니다.

## 사. 적극적인 영업을 위해서는 원페이지 이력서를 준비해야 합니다

급하게 이직을 준비하다보면 헤드헌터가 나에게 제안을 하기 전에 내가 먼저 제안하는 경우도 많습니다. 보통 채용플랫폼에는 헤드헌팅 전용 게시판이 있어서 기업명을 가리고 채용공고를 올립니다. 일정 수준 이상으로 적합한 지원자에게만 기업명을 오픈하고 정식으로 포지션 지원을 제안 하게 되지요. 이직이 급할수록 적극적으로 많은 헤드헌터에게 선제적으로 '나'라는 상품을 영업하게 됩니다. 하지만, 얼굴 한번 본 적 없는 사람에게 무턱대고 나의 이력서 풀버전을 함부로 보내기에는 주저하게 되는 것도 현실입니다.

제가 아는 지인도 본인의 이력서를 얼굴도 모르는 사람에게 메일로 보내는 것을 매우 싫어해서 아는 사람을 통해서만 이력서를 보내기도 합니다. 물론 개인정보상으로도 나의 이력 세부사항을 전부 보내는 것은 꺼림칙하기만 합니다. 하지만 이직이급한데 그저 나에게 인바운드로 들어오는 제안만 기다릴 수도없습니다. 이럴 때는 위에서 말씀드린 간략한 개인정보, 주요이력, 핵심역량을 원페이지 이력서로 별도로 만들고, 이른바 '간'을볼때 이용하면 좋습니다. 헤드헌터는 원페이지 이력서만 보아도지원자의 포지션에 대한 적합도를 빠르게 판단할 수 있습니다.헤드헌터 입장에서도 6~7장의 두꺼운 이력서를 받으면 일일이보기도 난감하긴 합니다. 원페이지 이력서는 서로에게 시간을아끼게 해줍니다.

## 아. 링크드인에도 나의 이력을 정리해 놓자

저의 슬래시 커리어를 관통하는 두가지 큰 키워드는 글쓰기와링크드인입니다. 링크드인에 잘 쌓아놓은 저의 콘텐츠는 저를설명하기 매우 편합니다. 그래서 저는 실제로 처음 뵙는 분임에도 저의 글을 링크드인에서 많이 읽어 보았다는 분들을 만나보기도 했습니다. 그런데 나를 소개하기 위해서 수많은 콘텐츠를올리기는 어렵습니다. 하지만, 링크드인은 비즈니스를 위한 SNS

이기에 나의 이력을 설명하게 좋은 UX/UI를 가지고 있습니다. 출신학교와 기업들은 물론이고 핵심역량과 자유소개 페이지까지 있습니다. 위에서 만든 원페이지 이력서를 참고해서 링크드인에도 나의 이력서를 잘 정리해 놓으시길 바랍니다.

비즈니스의 기회로 누군가를 처음 만날때, 상대방이 이미 나를 알고, 거기에 긍정적인 느낌까지 가지고 있다면 좋은 인연이 될 확률이 더 높아지겠지요.


## 자. 뻔한 질문이라도 답변 스크립트를 작성해야 합니다

서류를 통과하고 면접일정이 확정되었습니다. 이미 이직을 몇 번 해본터라 면접에는 크게 부담이 없습니다. 간략하게 기업에 대해서 간단하게 검색만 하고 면접에 참석해도 될까요? 정말 절박한 면접이라면 예상질문에 대한 답변을 스크립트로 미리 작성해 놓으시기를 강력하게 권합니다.

저는 헤드헌터로서의 경력은 짧지만, 사전에 면접준비를 하였을때 승률이 매우 높다는 것을 피부로 경험했습니다. 뻔히 아는 질문이지만, 면접관이 살짝 질문을 비틀거나 말꼬리를 잡았을 때 멘탈이 흔들릴 수 있습니다. 한번 흔들린 멘탈은 쉽게 회복되지 않습니다. 나를 믿지말고, 나의 준비를 믿어야 합니다. 그래서 뻔한 질문이라도 차분하게 답변을 작성해 놓으면, 작성하면서 나도 모르게 머리속에 정리가 됩니다. 준비를 전혀 안한 것과는 천지차이가 됩니다. 기본적이고 간단한 내용이지만 정말 중요합니다. 반드시 답변 스크립트를 작성해 보시기를 바랍니다. 내친 김에 아주 뻔한 면접관의 질문들을 몇 개 소개하겠습니다. 보는 순간 쉽게 대답할 수 있으신가요? 없으시다면 면접보기전에 반드시 스크립트를 작성해 보셔야 합니다.

**면접관의 너무나도 뻔한 질문들**

- 간단하게 자기 소개 해보세요.

- 우리 회사는 왜 지원했습니까?

- 자신의 강점은 무엇이라고 생각하나요? 그 이유는 무엇인가요?

- 지난 회사에선 왜 퇴사하셨나요? 뭔가 문제가 있었나요?

- 우리 회사에 어떤 역할을 하며, 어떤 기여를 할 수 있을까요?

- 우리 회사가 어떤 회사라고 알고 계신가요?

- 첫 회사에서 두번째 회사 이직시 업종이 많이 달라졌네요. 이유는 무엇인가요?

- 우리 회사의 최근 뉴스중에서 심각한 사안은 무엇이고, 여기에 대한 대비책은 무엇인가요?

- 지난 회사와 지지난 회사 사이에 6개월 공백이 있네요. 왜 공백이 생겼고, 그동안 무엇을 하셨나요?

- 우리 회사에서는 지난 회사만큼의 연봉은 어렵습니다. 어떻게 생
  각하시나요?
- 우리회사는 지난 회사보다는 규모가 작습니다. 생각지도 못한 업
  무를 해야 할수도 있는데, 가능한가요?
- 전공은 기계공학과인데 왜 첫회사로 AAA회사에 입사하셨나요?
- 우리회사에 대해서 궁금한 것은 없나요?
- 합격한다면 언제부터 근무가 가능한가요?


## 차. 블라인드, 잡플래닛은 적당히 믿어야 합니다

면접까지 잘 통화했는데 입사를 포기하는 경우가 심심찮게 있
습니다. 원래 원하던 곳에 이직이 되어 포기하는 경우도 있지만,
간혹 블라인드와 잡플래닛의 내용이 너무 부정적이라는 이유로
포기하는 경우도 있습니다. 과연 블라인드와 잡플래닛을 믿어야
할까요? 저도 답변하기 매우 어려운 문제입니다만, 제가 활용하
는 몇가지 기준을 말씀드리겠습니다.

### 1.기본적으로 회사 칭찬은 없는 곳이다

당연합니다. 굳이 회사가 좋아서 블라인드와 잡플래닛에 글을
올리는 경우는 없습니다. 뭔가 불만이 있으니 글을 작성합니다.

그러다보니 칭찬보다는 불만이 대부분입니다. 그래서 어느 회사나 불만이 넘칠 수 밖에 없습니다. 오히려 칭찬이 많다면 조심해야 합니다. 이른바 어용세력이 리뷰를 물타기 하는 경우도 있으니까요.

## 2. 불만 글의 수가 더 중요하다

회사도 사람 사는 곳이라 누군가는 불이익을 받게 됩니다. 악감정에 회사를 그만두죠. 그러면서 아주 강도 높게 회사에 대한 불만을 작성하게 됩니다. 이런 글을 보고 이 회사는 안 좋은 회사라고 판단하기에는 무리가 있습니다. 모집단이 작기 때문이죠. 불만글의 내용보다도 불만 글의 수를 보면 조금 더 판단하기 좋습니다. 리뷰한 사람이 10명 밖에 없는 회사와 리뷰한 사람이 100명인 회사가 있습니다. 물론 모두 부정적인 리뷰입니다. 어느 회사가 더 안좋은 회사일까요? 리뷰가 10명밖에 없는 회사가 더 좋은 회사일까요? 모집단이 작으니 판단이 어렵습니다. 복불복이 되기 쉽죠. 오히려 리뷰한 사람은 100명이지만 전체 직원이 만명이 넘는 회사라면 어떨까요? 이렇듯 변수들이 많기에 불만 글 하나하나보다는 전체 숫자로 판단을 해보시길 바랍니다.

## 3. 필터를 유의해야 합니다

리뷰를 처음 보았는데 매우 부정적인 글이 상단에 나와 있습니다. 그런데 잘 보니 3년 전 리뷰입니다. 과연 신뢰도가 있을까요? 리뷰를 보면 추천순, 최신순, 직종별 혹은 연도별 등 다양한 필터가 있습니다. 예를 들어 부정적인 리뷰는 2년 전까지 많았는데 지금은 뜸하거나, 혹은 옛날 리뷰들은 좋았는데 최근 몇개월간 부정적인 리뷰가 급격하게 많아졌다면 어떻게 판단해야 할까요? 하지만 필터를 유심히 살펴보지 않는다면 이런 추이를 파악하기는 어렵습니다. 위에서도 말씀드렸지만 리뷰 하나하나의 단어에 신경쓰기 보다는 전체를 보아야 합니다. 필터는 전체를 파악하기 매우 좋은 장치이지만 잘못 사용하면 왜곡을 가져올 수도 있습니다.

## 카. 귀농에 성공하는 다섯 가지 비법

시니어의 이직에는 상당한 리스크가 존재함은 이미 말씀드렸습니다. 그중 중요한 이유가 조직의 암묵지Gray zone인데요, 이직에 성공한 시니어를 위해 온보딩에 대한 내용들을 정리해 보았습니다.

한때 귀농 열풍이 불었지요. 많은 사람이 귀농에 대한 꿈을 가지고 준비를 했었습니다. TV에도 관련 내용이 많이 방영되었습니다. 여러분이 만약 귀농을 하게 된다면 어떤 준비를 하시겠습니까? 더 정확하게 질문을 드리자면 마을에 처음 이사를 오게 되면 어떤 것부터 파악을 해야 할까요?

당연히 무엇부터 파악해야 할지 모를 것입니다. 단순하게 구글링이나 Chatgpt로 해결될 문제가 아닙니다. 전혀 모르는 세상인 데다가 디지털의 세계도 아니기 때문이죠. 그럼 나를 도와줄 누군가를 찾아야 하겠죠? 어떤 사람에게 도움을 받으면 좋을까요? 제가 제안을 드려보겠습니다.

### 1. 마을의 유홍준 님

고장마다 마을마다 독특한 문화가 있습니다. 문화를 모르고서는 마을의 생활방식을 이해하고 동화될 수가 없습니다. 로마에 가면 로마법을 따르라는 말은 법도 중요하지만, 그곳의 생활양식 등을 총망라한 문화를 따르라는 뜻이 아닐까요? 다른 마을에서는 그저 그런 소나무로 보일 수 있겠지만, 이 마을에서는 영험한 능력을 가진 신령 소나무일수도 있습니다. 왜 소나무가 마을 사람들에게 추앙을 받게 되었는지 유래를 알지 못하고서는 절대 마을에 동화될 수 없습니다. 마을의 역사와 문화에 통달하고 이를 설명해 줄 수 있는 사람을 찾아서 도움을 받아야 하겠습니다. 모두들 아시겠지만 유홍준 님은 한국 문화와 역사를 다룬 '나의 문화유산답사기'를 저술하셨고, 현재 대한민국에서 아주 Hot한 국립중앙박물관의 수장이십니다.

## 2. 마을의 행보관

군대를 다녀오신 분들은 아시겠지만, 행보관(행정보급관)은 부대의 살림을 책임집니다. 또한 부대의 모든 일을 파악하고 있습니다. 일이 생겼을 때는 어떤 자원을 투입하면 좋을지 혹은 어떤 외부의 지원이 필요한지 분석하여 이를 실행합니다. 여러 소대 혹은 중대의 이해관계를 조율함과 동시에 지휘관을 비롯한 간부와 일반 사병들과의 가교 역할도 합니다. 그래서 어떠한 일을 해도 행보관을 먼저 찾게 될 수밖에 없습니다. 시골 마을의 특성상 여러 시설을 공동으로 사용하고 있으며, 끊임없이 유지보수도 해야 합니다. 행보관이 누군지 알지 못하고서는 기본적인 생존은 힘들 것입니다.

## 3. 마을의 맥가이버

'맥가이버MacGyver'를 아시나요? 아신다면 분명히 아재입니다. ^^ 맥가이버는 예전 미드의 주인공인데요, 천부적인 과학실력으로 수많은 문제를 해결하는 사람입니다. 지금도 멀티툴의 대명사인 스위스 아미 나이프Swiss Army Knives를 맥가이버칼이라고 부르는 이유입니다. 마을에는 수많은 기술적 난제들이 존재합니다. 공동 우물에 문제가 생길 수도 있고 제방이 무너질 수도 있습니다. 누군가의 집에서는 담벼락이 무너질 수도 있고, 누군가의 집에서는 축사의 기둥에 문제가 생길 수 있습니다. 이때 찾는 사람이 마을의 맥가이버입니다. 도움을 청하면 바람처럼 나타나서 기술적 문제를 해결해 주지요. 도시처럼 쉽게 '사람을 불러서' 해결하기 힘든 환경이기 때문에 맥가이버의 존재는 참으로 소중할 수밖에 없습니다.

### 4. 마을의 하일성 님

'故 하일성'님을 아시나요? 하일성 님은 한국 야구계에서 빼놓을 수 없는 분입니다. 말년이 불우하긴 하셨지만, 하일성 님은 야구해설에 있어서 독보적인 분이셨습니다. 어찌 보면 한국 프로야구의 인기를 견인해 오신 분이라고도 할 수 있습니다. 야구경기에서 일반인이 파악할 수 없는 내용을 알기 쉽게 설명해 주시고, 수많은 상황을 예측해 주셨습니다. 그래서 야구에 대해서 더 깊게 이해하게 되었습니다. 마을에도 수많은 정치가 존재합니다. 이장과 군수의 갈등도 있습니다. 이장과 마을사람들의 갈등도 있습니다. 마을사람들 간의 갈등도 있습니다. 이 갈등들이 우리가 흔히 말하는 정치가 됩니다. 복잡한 관계를 잘 활용해야 마을의 큰 싸움도 막을 수 있고, 큰일도 해낼 수 있습니다. 이 미묘한 정치관계를 설명해 줄 수 있는 해설가는 꼭 필요합니다.

### 5. 마을의 밀라디

고전소설 삼총사를 아시나요? 프랑스를 배경으로 왕권과 신권 그리고 영국와의 정쟁을 그린 소설입니다. 주인공과 세명의 총사들의 액션이 강조되어 어린이들에게 많이 읽혔던 소설입니다. 소설에는 고혹의 미녀 이중첩자인 밀라디가 등장합니다. 밀라디는 이편 저편을 왔다갔다 하면서 아슬아슬 첩보전을 벌이는 스파이 역할을 수행합니다. 그래서, 양쪽을 왕래하면서 양쪽의 이익을 위해 일한다는 의미로 밀라디로 표현해 보았습니다. 마을에는 표면에 보이는 공식적인 관계와 배후의 보이지 않는 비공식적인 관계가 존재합니다. 사내 정치의 영역이긴 한데요, 이를 설명하고 해설하는 것도 중요하지만 양쪽과 모두 접촉하면서 이들의 협력을 이끌어 내는 외교관이 필요합니다. 겉으로는 이장이 마을의 일을 관장하지만, 실제 모든 일은 부녀회장의 손에서 이루어질 수 있습니다. 이장과 부녀회장 모두와 접촉하면서 이들의 협력을 끌어낼 수 있는 사람이 필요합니다. 그렇지 않고서는 작은 마을에 수많은 정쟁이 발생할 수 있기 때문입니다.

갑자기 귀농얘기를 하니 많이 뜬금없지요? 위의 내용들은 마이클 왓킨스의 '90일 안에 장악하라.'에서 발췌한 내용입니다. 신임리더(임원)가 조직과 업무를 파악하기 위한 내용을 다른 책입니다. 너무나도 유명한 책이라 제가 굳이 많이 설명을 드리지 않아도 괜찮을 것 같습니다. 제가 책의 내용을 전부 말씀드리긴 어려우나, 특히나 흥미롭게 읽었던 부분을 저의 방식대로 풀어 보았습니다.

새로운 조직에 리더로 부임을 한다는 것은 귀농을 하는 것과 비슷하다고 생각합니다. 같은 회사 내의 다른 부서로 이동하는 것도 어려운 일이지만, 새로운 회사의 새로운 부서로 이동하는 것은 한층 더 어려울 것입니다. 마치 아무도 모르는 마을에 귀농을 한 것도 비슷합니다. 이 마을에서 내가 어떻게 조직을 파악해야 할까를 고민해 보면 막막합니다. 하지만, 제가 말씀드린 것처럼 마을의 유홍준 님, 행보관님, 맥가이버, 하일성 님 그리고 밀라디를 찾을 수 만 있다면 많은 도움을 받을 수 있지 않을까요?

새로운 조직에 부임했을 때, 업무의 파악도 중요하지만, 위에서 말씀드린 5명을 찾는 것이 가장 우선적이라고 생각합니다. 한마디로 정리하면 조직의 암묵지를 넘어서 '독특한 문화'를 먼저 파악해야 한다는 점입니다. 문화는 누군가가 강제로 만들 수 없습니다. 하나하나 쌓여 왔지요. 이 토대 위에서 업무가 진행됩니다. 문화에 대한 이해 없이는 조직파악도, 성과창출도 어렵습니다.

# 슬래시 커리어

**초판 1쇄 발행** 2026년 01월 23일

**지은이** 김우재

**표지 디자인** 스튜디오 사지
**내지 디자인** 박은진
**마케팅** 이유림, 임주성 | **경영지원** 이지원

**펴낸곳** 파지트 | **펴낸이** 최익성
**출판총괄** 최익성 | **출판등록** 제2021-000049호

**주소** 경기도 화성시 동탄원천로 354-28 | **전화** 070-7672-1001
**이메일** pazit.book@gmail.com | **인스타** @pazit.book



**THE STORY FILLS YOU**
책으로 펴내고 싶은 이야기가 있다면, 원고를 메일로 보내주세요.
파지트는 당신의 이야기를 기다리고 있습니다.